新編　住居論

山本理顕

住まい学エッセンス　平凡社

新編　住居論　目次

はじめに　7

I　**住居論**

住宅擬態論　14
住居シミュレーション　43
形式としての住居　51
「パブリック／プライベート」は空間概念である
〈閾〉という概念をめぐって　61

II　**住居計画**

私的建築計画学　80
破産都市　110

III 『住居論』以後

建築は仮説にもとづいてできている　124
痴呆性老人のための施設　145
看護・福祉は社会システムである　150
ネットワークの建築　159
建築は隔離施設か　170
建築の社会性　185

IV 領域論

領域論試論　200
閾論 I　238

闘論II　〈ループ〉に関する考察　259

あとがき　289

平凡社ライブラリー版あとがき　294

新版あとがき　297

解説　原武史　301

新編　住居論

本書は一九九三年、住まい学大系の一冊として住まいの図書館出版局より刊行された『住居論』を増補・再構成した改訂版（平凡社ライブラリー、二〇〇四年）を底本としています。

はじめに

家族という共同体は〈共同体内共同体〉である。あるいは、ひとつの共同体とそれを含むさらに上位の共同体とが出合う場面が家族である。住居という空間の側から家族という共同体を定義しようとすれば、おそらく言えるのはそれだけのことである。

もう少し正確に言えば、〈共同体内共同体〉が本質的にもっている構造と同じ構造を家族という共同体もまたもっている。家族にかぎらず、さまざまな〈共同体内共同体〉がありうるけれども、それが家族という共同体の基本的な構造のすべてを決定的なものにしているのではないのか。つまり、家族の構造はじつは〈共同体内共同体〉の構造そのものなのではないのか。私たちが見ているさまざまな家族の機能や規範や現実とは無関係に、その構造だけを取り出そうとするなら、つまり、機能や規範の差異として見えているさまざまな地域の、そしてさまざまな時代のさまざまな家族の現実のありようの背後に通底する構造のようなものがもしあるとするなら、その構造は〈共同体内共同体〉の構造そのものではないのか。

そしてもし家族が〈共同体内共同体〉であるなら、住居という空間装置はそのふたつの共同体、家族という共同体とその上位の共同体とが出合う場面を制御するための空間装置である。

そう考えたらなんだか気が楽になった。家族というのは別に特殊な集団ではない。住居も別に特殊な建築ではない。

単純な話だったのだ。

もし家族が〈共同体内共同体〉であるなら、家族はそれだけをひとつの単位として取り出してその内側だけの問題として取り扱うことはできない。つまり上位の共同体との関係としてでしか記述することができないということである。そしてそれは逆に、もし家族が〈共同体内共同体〉であるなら、家族という共同体の特性はその上位の共同体との関係として記述できるということである。

なんだかあまりに単純だけれども、この単純な図式を検証することが私にとっては〈住居〉について考えることだった。住居について考えることは、家族について考えることである。住居という空間の側から家族について考えることである。

じつは〈共同体内共同体〉という家族に対する見方そのものがすでに住居という空間の側から家族を見る見方でもあるのだと思う。家族という集団をその内側のメカニズムや機能の問題として扱うのではなくて、その外側との関係として説明するという方法がすでに十分に図式的である。

あるいはモデル的である。あるいは空間的である。つまり、ひとつの家族という単位の根拠をその内側に求めるのではなくて、外側との関係に求めるという考え方が、内と外との関係という空間に固有の関係に関わっている。空間的な特性に関わっているように思うのである。内側と外側との関係を問題にするということは両者の境界を問題にするということであり、その境界上で両者がどのように接続され、あるいは切断されるかというそのシステムを問題にしているのである。それはまさに私たちが空間のシステムを認識するときのその認識の仕方と同じである。つまり、家族という単位をその外側の共同体との関係として認識しようとすることがすでに十分に空間的な思考方法なのである。

そしてもし住居という空間装置が、ひとつの共同体とその上位の共同体とが出合う場面を制御するための空間装置であるなら、その空間装置は、そのふたつの共同体が接続され、あるいは切断される場面を制御しているはずである。つまりひとつの共同体のその外側との関係を制御しているわけである。

ひとつの共同体のその外側との関係を制御するのは、その共同体の性格を維持するためである。共同体の性格は、その共同体のメンバーによって共有された規範によって維持されている。つまり、その外側との関係を制御する役割は規範そのものである。だから、住居という空間装置は規範そのものである。あるいは空間化された規範である。

だからもし逆に、いまの家族の関係をそのまま空間的なモデルに忠実に移し変えることができるなら、その空間モデルが指し示すのは、その家族の関係を実現させている規範そのものであるはずである。

その空間モデルをつくってみた。いわば家族のシミュレーションである。そうしたら、思ってもみなかった不思議な関係が見えてきたのである。不思議な関係というのはつまり規範である。その空間モデルのシミュレーションによっていままでなんの疑いもなく、家族という集団のなかで「本能」であったり「自然」であったり、あるいは自発的な「愛情」であると思われていた関係や行為が、外側から拘束されたあるいは強制された関係や行為であることが見えてきたのである。それが私には不思議な関係であるように思えた。要するに、じつをいうとそれがなんだかよくわからなかったのである。

ただ素朴に現実の家族の関係を空間の関係に置きかえていった。空間の関係に置きかえるということがどういうことなのかがよくわからないまま、単純に住居のなかのさまざまな行為を、その行為をおこなうであろう人の属性、あるいは家族のメンバー相互の関係に置きかえて、そしてそれを空間の関係に変換していった。それが空間モデルである。私はこの空間モデルによって示されているものが現実そのものなんだと思いこんだ。ところが実際の住居はこのモデルとはまったく違う。なぜこのモデルが実際の住居に反映されていないのだろう。つまり、それがよくわからなかったのである。このモデルのほうが家族の実態に近いんだという話をしても、それじゃあ、なんでいまの住居はその家族の実態に忠実につくられていないのか、なぜこの空間モデルに忠実な住居が現実に存在しないのかという批判に答えられなかったのである。

たしかに、この私がつくったモデルは現実の家族そのものである。でもそれがそのまま現実の住居にならない理由は、じつは単純なことだったのである。いまつくられている住居は、現実の家族を反映したものではないからなのである。いま大量に生産され、私たちが住んでいる住居は、現実の家族の生活をそのまま忠実に反映しているわけではない。そうではなくて、むしろ私たちがこうありたいと思う家族像のようなものを反映している。つまり、家族の理想像を反映している。住居というのは規範そのものである。さらに言えば、その規範がどんなに形骸化していたとしても、それを最大限に理想化して、その理想像に忠実につくられる。そういうものらしいのである。だから、私がつくったモデルに忠実な住居は存在しない。このモデルが現実そのものだからである。住居は現実を反映するのではなくて規範に則ってできている。それがどんなに現実とは乖離していてもである。規範と現実とは一致していない。それがわかったのはだいぶ後になってからである。

そんなこともわからないまま、それでもこのシミュレーションモデルが発端だった。私はこのモデルを手がかりにして、調査し、いくつかの住宅や集合住宅を手がけ、そのつど雑文を書いた。ここに集められた文章は、だからこのシミュレーションモデルから始まった私の二十年間の記録である。


（2007.11　一部改稿）

Ⅰ　住居論

住宅擬態論

住宅というのは居間があって寝室があって子供部屋があって台所があって、それに便所や風呂がくっついている、そういう建築である。と言ってしまうと身も蓋もないけれど、実際そのとおりで、住宅の平面図、つまり間取りである。その間取りだけ見ればたいした違いはない。みんな似たり寄ったり、そういう部屋の組み合わせでできた建築なのである。住宅展示場のプレハブ住宅の間取りも建築家の設計する住宅の間取りも、あるいはマンションの住戸の間取りも大差ない。

もういまから三十年も前に、しょせん住宅なんてリビングルームとベッドルームの組み合わせでしょ、屋根が三角形になっていようと丸い屋根が載っていようと、壁が斜めになっていても、木造だろうとコンクリートだろうと、そんなかたちや素材はどうあれ住宅なんてどれも同じだと言った人がいて、みんなシーンとなってしまったけれども、じつは三十年経っても状況はまったく変わっていない。まだシーンとしたままなのである。

でもほんとうを言えば、話はここから始まる。だからなんなんだ。

＊

たしかに住宅なんかみんな同じだ。間取りだけを比べればいまだって三十年前だってたいした変わりはない。でも、その住宅の中身のほう、生活の仕方というのかライフスタイルというのか、生活様式というのか、その中身のほうはすっかり変わってしまっているように思うのである。いや、当時ですら、中身はすでに相当多様化していたはずである。もし住宅というものが「生活の容器」なら――「住宅は生活の容器である」、つまり中身の生活というものを忠実に反映する容器が住宅であるとル・コルビュジエという大建築家が言って、それはもっともだということに一応なっているけれど――、もしそうなら、中身が多様化すれば、それに応じて容器＝住宅だって多様化するはずじゃないか。それとも、私たちが実感しているほどには生活という中身のほうもたいして変わってはいないのだろうか。

つまり住宅なんてみんな同じさという話が事実であるとする。事実であるように見える。でもだからいったいなんだ、それはどういうことなのかという話がすっぽり抜け落ちているのである。なんで抜け落ちるのかというと、中身と容器、つまり生活というものと住宅とはぴったり一致しているのが自明だともうすっかり思いこんでしまっているから、あらためて中身と容器の関係がどうなっているかなんて考えてもみないからである。それに住宅を供給する側にしてみれば、あんまり間取りなんてころころ変わってもらわないほうが都合がいいに決まっている。それでかどうかよくわからないが、とにかくすっぽり抜け落ちてしまっている。そこのところをちょっと考えてみたほうがいいんじゃないかということなのである。

なんで三十年も変わらないのか。なんでみんな同じなのか。私はどうもそのあたりに住宅というもののヒミツがありそうな気がするのである。

変わらないというのが住宅の本質的なところなんじゃないのか。時間的にも変わらない、どんな住宅を見ても同じ、現実の生活がどんなに多様化していても絶対変わらない、それが住宅たるゆえんじゃないかと私は思っているのだ。

結論を先に言ってしまうと、住宅というのは現実の生活とか家族とかに応じてできあがっているものではなくて、生活像だとか家族像だとか、一種の期待する像のようなものがあって、その期待する像に応じてできあがっているからだと思うのである。だから現実の生活とか家族とかがどんなに多様化しても期待する像、つまり願望としての生活像や家族像のほうが変化しないかぎり、絶対変わらないように思うのである。

＊

つまり、ありうべき家族像といってもいいし、平均的家族像といってもいいのだけれども、一種の理想化された家族のモデルのようなものがあって、そのモデルのための住宅という構図なのである。住宅と生活との関係はどうやらそうなっているらしい。そしてそのモデルがおそろしいほどに画一的だということなんじゃないかと、そう思うのである。

実際の家族はもうすっかり多様化してしまっているというのに、いざ住宅との関係で自分の家族を見ようとすると突然理想の家族にめざめてしまうのである。誰だって住宅に住んでいる。住み替えることも建て替えることも、きっと誰だってあると思う。そのときである。住宅といっしょに何やらほのぼのとした家族像なんか思い浮かべてしまうのだ。その住宅にあらゆる期待が込められる。

居間には一家団欒などという期待、ベッドルームは夫婦の愛情という期待、子供部屋は子供との正しい関係という期待、そういう期待で満ちあふれているのが住宅というものらしいのである。ところが実際にそんな期待と現実の生活がぴったり一致しているなんてことがあるはずがない。最近とくにそのへんははっきりしてきて、そのずれはあきれるほど広がってきていると私には思えるのだが、それでも住宅に対する期待はなぜかあいかわらず一家団欒、夫婦の愛情、正しい子供という画一化された幻想なのである。

＊

でもこれはいまに始まったことではない。住宅というのはそういうものなのである。理想化された生活のための住宅なのである。理想というのはその時代によってさまざまだと思うけれども住宅というものがもっているこの基本的な図式はけっして変わらないように思うのだ。たとえば、これは『日本住宅の歴史』(平井聖、NHKブックス、一九七四年)からの孫引きなのだが、次のような文章が紹介されている。

客室が書斎兼主人の居間となり、或は昼の間はあまり取散かすことも出来ぬ故空けてありますが、夜分になれば、其れが寝室となるのもあります。或は思はしき茶の間無き家では、其れが家族の倶楽部と成って居るものもあります。即ち主人が日々外に出でゝ働き、一日の業を終へ、ヤレ〳〵と思って帰宅すれば主婦は「おとう様お帰り!」と呼びながら玄関に出でゝ迎へ、之れを客室に請じます其れが炎暑の時分であれば、団扇で煽ぎ乍ら汗浸しの着物を脱がせ、サッパリした浴衣と着替へさせ、又冬の日であれば部屋の着物も温め置き、ヌク〳〵した着物と着替させます。子供は母の声に応じて走り出で、「おとう様御帰り」と楓葉の様な手をついて、愛らしき挨拶をすると云ふ風に、家族が其処に団欒して主人を慰めます。主人は家族のすが〳〵しき心、温き情に触れて、何とも云へない慰安を得て、一日の労働を忘れませう。斯様な愛情の活劇は客室即ち一家の晴れの座敷と云ふ背景の許でなくば、相応しないのでありますA

(大江スミ子『応用家事精義』、一九一六年)

こんな生活していた家なんてない。いやあったかもしれないけれど、少数派だったにちがいないんじゃないかと思う。大部分の人の生活は「おっかぁ、けえったぞ」、楓葉の手のガキはハナたらしてその辺ドタバタと走りまわっていたにちがいないのだ。ここに書かれているのはだから当時の理想化された生活像である。それは期待する生活ではあっても現実の生活がこうだったというわけではけっしてなかったと思う。そしてここでも住宅はその理想化された生活像に見合うようにつくられる。その理想化された生活像と住宅の密着の度合がどれほど強力なものだったか当時の住宅の間取りの典型的なもの、典型的というよりむしろ極端な例かもしれないけれども、それを見てほしい(図1)。

この間取りは一九二〇年に出版された『日本住宅百図』からの抜粋で、上記の文章にぴったりのころの間取りである。床面積はほぼ十六坪、こんなに小さい住宅でも座敷(八畳)だけはきっちり確保されている。前室もあるし式台もある。「お父様お帰り」というための舞台セットだけはほとんど無理算段して捻出されているのである。上記のような生活の仕方こそが当時の望むべき生活像だったからである。それが現実の生活とどんなにギャップのあるものであったとしても、それでも住宅というのはそこでの理想化された生活像の反映としてつくられる。そう構想されるのが住宅なのである。ずっとそうだったのだ。

図1　大正時代の住宅間取り図
(『日本住宅百図』1920年より)

理想的と誰もが思うような家族像、その家族像、生活像に近づきたいという願望の容器が住宅だからである。つまり住宅というのはいつだって理想的な生活像のための容器だったのである。それはつねに現実の日常的な生活とはずれているものだと私は思う。

「擬態」というのがある。昆虫が竹の枝のようなふりをしたり木の葉のように見せたりというあの擬態である。住宅というのは家族の擬態みたいなものなんじゃないかと最近思う。中身とずれて当然なのだ。

でも擬態というからには、だます相手がないと擬態にならない。解剖学者の養老孟司の本で虫の擬態というのは鳥の目に応じてできあがっているという話を読んだことがあるけれども、鳥の目の性能で虫の形が決まってしまうというのである。虫の形が鳥の目の性能によって決まってしまうとはなんて主体性のない虫なんだと思う。でも言われてみれば、なるほど擬態というのはたしかに何ものかだます相手との関係のことである。

＊

それでは住宅という擬態がどこに向かっているかというと〈誰もが理想だと思う生活像〉というときの〈誰も〉に向かっている。〈誰も〉というのは抽象的な〈誰でも〉ではなくて、たぶんもう少し具体的である。私たちを含む範囲のなかの〈誰も〉といった程度の具体性である。〈誰も〉というなかには私を含む私たちが含まれている。つまり他人ではあるのだけれども、でもその中心にはつねに私あるいは私たちがいるという不思議な関係の〈誰も〉である。なんだかまわりくどい言い方になってしまったけど、わかりやすく言うと世間などという。早い話、住宅は世間という相手に向かってできている。個々の家族の内側の都合に応じてだけでできあがっているわけではなく、要するに住宅というのは世間体でできている。どうもそういうことらしいのである。

その家族の外側との関係で住宅というのはできあがっている。そういう意味では虫と同じでやっぱり主体性なんかないのである。

そこまではいい。家族そのものが社会的な存在なのだから、住宅が外側というのか、なんらかの社会的な影響を受けるのはあたりまえの話である。問題はその社会的な影響でできあがっている住宅が擬態のように見えるということなのだと思う。擬態のように見えるということは、つまりいまの住宅がどうもおかしいということに多くの人たちが気がついてしまったということじゃないかと思う。

虫の擬態にしたってそれをほんとうに木の枝だと信じこんだら擬態とは気がつかない。実際、鳥の目にはその虫は擬態ではなくてただの枝としか映らないのだろうと思う。虫と鳥とのあいだでは虫は虫でしっかり木の枝を演じて、鳥は虫のもくろみどおりそれをちょんちょんとつっついてみたりはしない。鳥になったことがないからよくわからないけどたぶんそうだと思う。虫と鳥のあいだでは、少なくとも虫にとってみれば、まあ幸福な関係ができあがっているわけである。

ところが人間の目はそれを見破ってしまう。ちょんちょんとつっついて驚いてみたりする。つまり擬態というのはその驚いてしまった観察者の視点である。擬態という言葉には観察者のびっくりしたなあというニュアンスがすでに含まれている。虫と鳥と木の枝という生態学的な関係そのものではなく、その関係を外側から観察している視点であり、その不思議な関係を見破ってしまった視点である。だから、住宅が擬態に見えるということは、いまの私たちの住宅と家族の関係、あるいは家族とその外側の社会との関係がちょっとおかしいということに気がついてしまった観察者の視点である。

というわけで、ここでやっと本題に入るのだが、つまりこの観察者の視点でいまの住宅のおかしなところにみんなで驚いてみようという、そういう算段なのである。

誰もが理想的だと思うような、そんな生活像に応じて住宅というものができあがっているのだとしたら、その住宅にはさまざまな理想的だと思えるような場面が仮定されているはずである。というよりそうしたさまざまな場面の組み合わせで住宅は組み立てられているのである。すでに述べたように、一家団欒、夫婦の愛情、子供との正しい関係といったような、そういう場面である。そしてたぶんそうした場面がことごとく形骸化しているということに私たちはすでに気がついてしまったということなのだと思う。そうした場面によって象徴される家族という関係が形骸化していると言ってもいい。

＊

住宅を設計していながら、こんなこと言うのも変な話だけれども、実際夫婦の寝室などというのはなんだかじつに奇妙な部屋だと思う。私はいろいろと世界中の住宅とか集落とかかなりの数を見た経験があるが、まだ近代化されていない田舎の住宅にはこういう部屋はほとんど見当たらない。ますます変な言い方になってしまうけど、性というのか、唐突に吉本隆明の言葉を借りれば対幻想がこの部屋のなかに封じこめられているって感じがする。むかしの日本の住宅にもこんな寝室に当たるような部屋はなかったように思う。こんな生々しいというのか直接的な場所が住宅のなかにあるというのがなんだかおかしいような気がする。性というのはもうちょっとソフィスティケートされていて、家族という関係のなかにあらわにならないように、そういう仕組みになっているはずなのである。住宅のできあがり方が本来そうなっているはずなのだ。私たちの住宅のなかにある寝室というのがどうもかなり特異な場所なのではないかというわけである。

寝室という特異な部屋のなかに性が封じこめられていて、その封じこめられた状態というか形式が夫婦という関係を、さらに家族という関係を保証しているというのがいまの家族のシステムなのだと思う。奇妙な部屋だ。だって、愛情とか性とかそれが家族の契機になるということはわかるような気がする。でもそれが家族という関係の根拠であるなどと言われるとどうもそれは違うような気がする。そういう違和感なんだと思う。

お父さんのパンツを洗って、子供の世話をして、あるいはそんなのがいれば老人の面倒もみて、ご飯もつくってというのは別に夫婦のあいだの愛情とは関係のない、さっきの話で言えば〈世

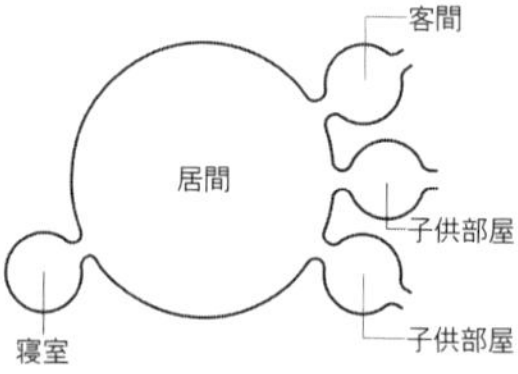

図2　核家族の住宅図式

間〉との関係でできあがっている女に対する一種の強制力なのだけれども、その強制力の根拠というのが夫婦の愛情なんだというそういう構図になっているんじゃないかと思う。夫婦の寝室というのはどうもおかしい、ということはこの構図自体がおかしいということなのだと思う。何かトリックみたいなこの構図に気がついてしまったというわけである。

寝室だけではない。ちなみに気がついてしまった家族の関係というのを図式に置きかえてみようか（図2）。抽象化された住宅の図式だと考えてもらえればいい。いまの私たちの家族という関係が形骸化しつつあってさまざまな矛盾が露呈しつつあるとしてもそれがそのまま住宅に反映するわけではない。しつこく言うけれど住宅というのは理想化された生活像の反映である。それならその理想と認定されている生活像というのを、ほんとうにそうなのか確かめてみようというわけである。あの虫の擬態に気がついてしまう視点である。

夫婦と子供ふたり、まあ一般的な核家族を想定する。

子供部屋はふたつとも直接外に向かう出入口をもっている。子供部屋に入るときはお母さんもノックしましょう。子供を一人前の人格をもった個人として扱いましょう。お友だちのようなお父さんです。私のお友だちはお父さんと関係ないもん。要するに子供にもし社会的な人格があるとしたら、子供部屋にも外との出入口があるという単純化された図式である。外というのはつまり家族という関係とは無関係な社会との出入口である。子供との関係というとき、子供といったってゼロ歳から大学に入るぐらいの年齢まで彼らの社会との関係はさまざまだと思う。それを親との関係だけで一方的に子供と呼んで子供部屋と呼んでしまうのもなんだか変な話だとは思うけれども、ある年齢に達すれば家族とは無関係に彼らなりの社会的な関係ができてゆくだろうからその社会的な関係を保つための部屋である。つまり、直接外に向かって出入口をもっている。子供の人格を認める、子供との正しい関係である。

お父さんの部屋も子供部屋と同じだと思う。客間といってもいいし、書斎といってもいい。あるいはもはや、眠る時間以外二十四時間のうちのほとんどの時間が家族よりも会社の側に関係づけられていて、住宅のなかにお父さんの部屋なんかいらないということになっているのかもしれない。いずれにしても、こうすると居間というのは社会的な諸関係からまったく切断されてしまうことになるわけだけれども、そこが一家団欒の場所である。つまりお母さんあるいは主婦もしくは女房の、お父さんや子供にサービスする場所である。

寝室についてはすでに述べたのでもういいとして、お母さんには子供部屋やお父さんの部屋に当たるような部屋はない。社会的な関係とはまったく切断された場所にいる人がお母さんもしくは主婦あるいは女房だと、そういうわけである。そういう図式である。

いまの私たちの住宅は擬態だといった。その擬態住宅、つまり理想的だと思われている生活像の表面を剝ぎとってみたら、こんな図式が隠されていたわけである。

繰り返すけれども、実際の住宅がこんな図式になっているというわけではなくて、潜在的にはこうなっているということである。実際の住宅はむしろこの図式を巧妙に被い隠すようにできている。ほのぼのしあわせ家族を演出するようにできている。いまの住宅は家族の擬態だというゆえんである。

＊

ちょっとなんだかわかりにくいかもしれないと思うのは、この図式が家族の関係を図式化したものなのか、それとも住宅の平面構成を抽象化したものなのか、どっちなのかよくわからないというところがあるからなのだと思う。それほど家族の関係と住宅というものとが私たちの頭のなかで分かちがたいものとして密着しているとも言えるし、家族という関係がもともと住宅という空間のなかにあってはじめてリアルになるというか、実体化されるという構図になっているからなのだとも言える。つまり家族という関係は住宅という空間との関わりのなかではじめて現実性のようなものを手に入れることができるのである。だからこの図式は家族の関係を空間的な図式に置きかえたものである。つまり住宅そのものの図式でもあるし、家族という関係の現実的な図式でもある。

ここまではいいように思う。いまの家族の関係を忠実に図式化すると、こんな関係になっている。そこまではいい。たぶんもう多くの人がいまの家族という関係に違和感があると感じているのではないかと思う。違和感というのは、こんな図式に気がついていて、それでもいまの擬態住宅のなかでは、ほのぼの一家団欒夫婦の愛情を演じなければならないという違和感である。その違和感をいま私たちは共有しているように思う。そこまではいい。問題はその先である。

それじゃあ、擬態住宅にならないようなどんな住宅の図式を描けばいいのか。たぶんここで意見が分かれるんじゃないかと思う。

意見はいろいろあると思う。でも単純化してしまえば、問題はふたつだけである。前述したように、ひとつは女が家族に対するサービス屋さんメンテナンス屋さんで、社会つまり家族の外側に対して接続される契機をもっていないということ。もうひとつは性という関係が家族という関係のなかに閉じこめられているということ。このふたつである。

だからこのふたつをなんとかしてやればいいじゃないかというきわめて単純な話なのである。話は単純なのだ。ところが実際なんとかしようとすると、これがなかなかむずかしい。女が直接社会に対して接続されて、そのかわりにサービス屋さんメンテナンス屋さんの役割から下りてしまったら、それでは誰がいったいそのサービス屋さんの役割を担うのか、性という関係が家族から解放されてしまったら、それでは家族に代わるモラルはどうつくっていけるのかだとか、細部がいろいろ問題になって、なかなかなんとかならないのである。

＊

結局、いまの家族＝住宅図式以外のどんな図式が描けるかということなのだと思うのだけれども、そのときその図式が、このふたつの問題を同時に解決しているような図式になっていればいいわけである。

そこでたぶん重要なのが一夫一妻に子供という、いまの家族の単位である。いまのこの核家族という集団が社会を構成する最小の単位であるということを、私たちは疑いはじめているのではないか。いまの夫婦と子供という核家族的な構成こそが唯一の揺るぎない単位構成であるとはたぶんもう多くの人が思っていないのではないのか。私たちの家族に対する違和感は、この集団がひとつの社会的な単位、ひとつのユニットとしての役割をもはや果たしえていないという実感と、それにもかかわらず住宅のほうはあいかわらずその家族が揺るぎないひとつのユニットであるということを前提にしてつくられているという違和感である。むしろ住宅の側が家族をひとつのユニットとして仕立ててあげてきた、補強してきたと言ってもいい。少なくとも、いままで十分に住宅がその役割を果たしてきたと思う。自分たちにふさわしいと思う住宅に住むことによって、自分たちの家族がひとつの社会的なユニットであることを実感できたと思うのである。

ところが、その家族をひとつのユニットとしてつくりあげてきた住宅がネタ割れしてしまった、つまり擬態のように見えるというわけなのだから、ことは深刻なのだ。家族がもはやひとつのユニットとして完結していないということを、実感としても現実としても私たちが知ってしまったということなのである。

逆にいうと、このふたつの問題、女が社会に対して接続される契機をもっていないということと、性が家族のなかに閉じこめられているということ、このふたつの問題は、問題というよりも家族がひとつのユニットとして自己完結的であるためのいわば対価でもあったのである。この対価を払うのがもういやだということなのだ。家族がひとつのユニットであるということをそれは足元から揺るがしていることにもなるわけである。

このふたつの問題をなんとかしようということは、だから、家族に代わる社会的なユニットの可能性についてなんとかしようということなのだと思うのである。そしてそれはいままでの住宅に代わるどんな空間の図式が描けるかという問いと同義である。

*

ということを考えて住宅を設計しなさい。学生たちにそういう課題を出す。たまたまいくつかの大学で設計の授業を受け持っているものだから、その設計の課題に住宅の課題を出すのである。それもただの住宅ではない。できるだけいまのこの家族＝住宅ユニットをこえられるような課題を出す。たとえば「愛人の同居する家」を設計せよなどという乱暴な課題である。夫婦ふたりに子供が何人かいるような核家族を想定して、その核家族のための住宅をつくれといっても、核家族というユニット自体が、いま見てきたみたいにおかしくなっているのに、住宅だけ操作したってできることは知れている。ユニットそのものを解体して、そのユニットをつくりかえることが建築の設計をするということなのだ、などと学生には言う。だから「愛人のいる家」を設計しないというのも乱暴な話だとは思うけれども、これがまた乱暴な家族構成なのである。両親がいて、すでに世帯をもっている子供や大学生の子供や孫がいて、祖父母も同居して、そのうえ親父には愛人がいてその愛人の子供ともども同居するなどという、実際には考えられそうにもない家族構成なのである。考えられそうにないといっても、世界にはさまざまな家族のかたちがある。むしろ核家族のような家族形態のほうがよっぽど特殊解なんだという話だってある。イスラム文化圏やヒンドゥー文化圏じゃあ奥さんが二、三人いたってちっともめずらしくない。ひとつの家族の構成員の数が二十人以上になることだってめずらしくない、などという話を学生たちにはする。だから、大家族のような住み方で、そのうえ愛人がひとりぐらいいたって、そんなものはいまの日本の核家族に比べたらはるかに一般性のようなものを獲得しているかもしれないのだ、などとさらに乱暴なことを言う。それに、私たちの核家族のほうがより近代化された家族のかたちで、奥さんが何人もいるような家族に比べたらより進歩した家族形態だなどと思ったら、これも大間違いで、奥さんがひとりだろうと複数人だろうと、女が家族のサービス屋さんで社会に対して接続される契機をもっていないということ、性が家族のなかに閉じこめられているということに関してはまったく同じ構造なのだ。どっちだって五十歩百歩なのだ。だからもし、あなたたちがこの「愛人の同居する家」をいかにもありそうな、なるほどこれなら住めるかもしれないというようにつくることができたら、いまの日本でもこっちの家族のほうが正当じゃないかと思わせることだって十分にできるのだ。

少なくとも、単純に考えて、家族という集団を、自分たちに対するメンテナンスのための集団だと考えると、核家族というのはひとつのユニットとしてあまりに小さすぎるようにも思う。ある程度人数が集まらないと、とくに女が専業メンテナンス業者の役割から下りてしまったら、これは相当やりくりに困る。げんに困っているんだから、それだけ考えたってこっちのほうが可能性あるんじゃないのかとかいろいろ言って、この課題をやらせてみる。全体をひとつのユニット、つまり大家族のように扱ってもいいし、いくつかのユニットに分解してその分解されたユニットの組み合わせとして扱ってもいい。

＊

「愛人が同居する家」を設計せよというこの課題は、布野修司さんといっしょに受け持っていた即日設計のための課題である。ヒントになったのは、大阪にこんな奇妙な一家がいるという週刊誌の記事だった。どう奇妙かというと、六十何歳だかのおじさんが、本妻のほかに三人の愛人といっしょに住んでいる。それぞれに子供が何人かいて、総勢十数人がいっしょくたに住んでいるというのである。ユニークなのはその住み方である。関西方面では文化住宅と呼ばれている木造長屋の住戸を五戸だったか六戸だったか借りて、そのひとつひとつにそれぞれ四人の女性が子供といっしょに住む。おじさんもひとつ住戸を確保する。よく覚えていないが、ある程度年齢のいった子供たちのための住戸もたしかあったように思う。四人の女性たちは、おじさんの経営する喫茶店とかスナックとかのお店をそれぞれ任されて、経済的には独立採算になっているというような構図だった。

そうだったのか、文化住宅というのはこうやって住むための住宅だったのか。みごとだなあと思わず感嘆してしまいたくなるほどよくできている構図である。こんなふうに堂々とやられると、何か文化住宅という都市型住宅にぴったりの、じつに明快な住み方のように見えてくる。さらにこの住み方が、たとえばインドの合同家族と呼ばれる大家族的な住み方やアフリカのコンパウンドのような小集落の住み方に酷似しているという隠し味的説得力ももっていて、私たちのいまの家族がよたよたしているぶん、余計にこっちのほうが可能性あるように見えてきてしまうのである。といっても、このおじさん一家の住み方のほうが優れていると言いたいわけではない。家族といったってさまざまな可能性があるということを言いたいのである。そして、そろそろその可能性について実際にいろいろ実験してみたほうがいいんじゃないかということなのである。

そのとき、重要な働きをするのが住宅である。大阪のおじさん一家が文化住宅という住形式をみごとに「発見」したように、そしてそれを「発見」することで、自分たちの生活の仕方のようなものを確実につくりあげていっただろうと私は推測するのだけれども、つまり彼らのように自分たちの生活にふさわしい住宅の形式を発見しないかぎり、実験は実現しようがないのである。

だから「愛人が同居する家」という課題が、アイロニカルになってもまじめにやってもどっちでもいいけど、とにかくいまの家族＝住宅図式をひょいと飛びこえるためのきっかけになればいいんじゃないかと考えたのである。

私はこの課題がすっかり気にいって、このあといくつかの大学でも試してみた。けれども、結論を先に言ってしまうと、どうもあまりうまくいかない。うまく抽象化できないのである。特異な家族の特異な住み方としてしか解法が思いつかないらしいのである。ただの特殊解なのだ。それがいまの家族＝住宅図式に対する批判であったり、もう少し違う家族の可能性について考えるなどという方向になかなか進んでいかないのである。

「愛人と同居する家」をただまじめに設計してそれでおしまいということはないだろう。こんな課題を出されていらだったりしないのか。とかいろいろ挑発するんだけれども、反応が鈍い。あるとき、ある大学でこの課題の講評をしているとき、ひとりの学生が、俺の親父は何年か前に女をつくって家を出ていってしまった。そのためにいろいろ苦労して、いま四年生なのにこんな二年生の課題をやらざるをえないようなはめになっている。こんな課題はふざけてるんじゃないのか、とかごちゃごちゃ言うものだから、うるせえ、共同体の現場はいつだってどこだって修羅場なのだ、親父が逃げたくらいで偉そうなこと言うんじゃない。こっちもめちゃくちゃなことを言う。およそ設計製図の授業らしくない「和気あいあい」とした雰囲気になったりして、どうもあまりに現実的な問題に足をすくわれて、学生たちはいまの家族＝住宅図式まで思考がおよばないのである。

＊

そこで、最近は作戦を少し変えて、あらかじめ抽象化されているというのか、もうちょっと普遍性のある答えが期待できそうな課題を心がけている。たとえば「百人の住宅」を考えなさい、というような課題である。

「百人の住宅」というのは、横浜国立大学の大学院生のために出した課題で、百人がいっしょに住む。百人の関係も住み方もまったく自由である。百人を一ユニットと考えてもいいし、あるいはいくつかのユニットに分解してもいい。ただし、百人が共同的に住むという条件だけは守るように、というような課題である。

結局はどういうユニットを想定できるのかということだと思うのである。いまの男ひとり女ひとりに子供という生活単位に代わる何か別の生活単位が考えられるのだろうか。生活単位として成り立つための条件はなんなんだろうか。そういうことを考えて、その「百人の住宅」の空間図式を描きなさいという課題である。課題が抽象的なぶんだけ、答え方もその抽象度に応じて抽象的になる。と同時に理念的になる。

たとえば、図3はある学生のつくった空間図式である。百人が共同で住むための住宅の図式である。百人というのは、ここではどういう百人であってもいい。男でもいいし女でもいい。年齢も自由。つまり徹底的に抽象化された百人である。その抽象化された百人の関係を説明する空間図式である。

この図式をこしらえた学生の思考回路は、さっきの「愛人の同居する家」を考えようとするときの思考回路とたぶん逆転しているはずである。

どう逆転しているかというと、「愛人の同居する家」というのはそこに住んでいる人たちのキャラクターがあらかじめ設定されていて、そのキャラクターに応じて設計するという思考回路だと思う。つまり集団のキャラクター→空間図式という方向性に対して、この学生の思考回路は、空間図式→集団のキャラクターというような逆の方向性をもっているということである。そうかあ、この空間のなかではそういう生活の仕方になるのかあ。生活の仕方を空間図式が決定するという、空間先行思考回路である。

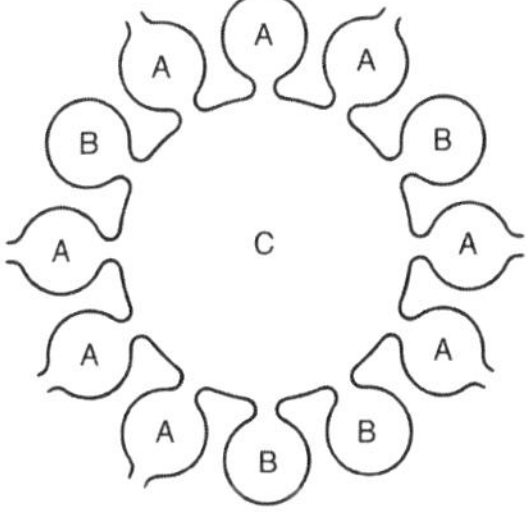

図3　「100人の住宅」図式

具体的にいうとAとBが個室で、全部で百室ある。Cがコモンスペースというのか百人の共同の居間のような場所である。ばかみたいに単純な図式だけど、この集団の関係を説明するにはじつによくできた図式だと私は思う。といっても何がよくできているのか読んでいる人はさっぱりわからないと思うから、うまく説明したいのだけど、これがじつにむずかしい。できあがってしまった空間は説明するまでもないけど、でも、できあがる前の空間、それもたんなる図式を使ってそこにどう住むかという説明をしようとしてもなかなかこれがうまくいかないのである。

＊

そこでちょっとしたシミュレーションをしてみることにする。あなたがAの場所に入居したと仮定するのである。あなたというのは、この文章を読んでいるあなたです。

さて、まずAという場所、これはワンルームマンションの一部屋かホテルの一室みたいな場所だと想定する。キチネットとサニタリーユニット程度が付属している部屋である。でも、そうした部屋とひとつだけ違う点がある。二方向にドアがついているのである。ひとつはふつうの玄関ドア、つまり直接外に出られるドアで、もうひとつは百人の共同の場所Cに出るためのドアである。

共同の場所には、たぶんダイニングルームと共同浴場と、それに図書室に託児所に、あとは何かなあ、ありそうなものをあなたも考えてみてください。

もしあなたが独身なら、Cを使う契機はあまりないのかもしれない。会社から帰ってきてインスタントラーメン食べてシャワーを浴びて寝るだけというなら、たしかにCという場所は切実ではない。あれば使うだろうなあという程度の場所である。でも、もしあなたが既婚者なら、これは便利だと思う。夫／婦それぞれがAを一室占有する。子供が小中学生ならBの部屋を子供部屋にしてやる。外への出入口をもたない部屋である。つまり、自分の部屋をもってはいても、勝手に外から出入りできないような部屋である。誰か外に対する出入口をもっている人の部屋（A）を通過する。理屈の上では、別にお父さん、お母さんの部屋を通過しなくても、誰の部屋でもいい、外への出入口をもっている部屋からなら、どこからでも通過して入ってくることができるわけである。つまり、子供たちはAの部屋をもっている人々全員によって管理されていることになるわけである。そういう図式である。乳幼児なら夫婦どちらかの部屋に置いて育てればいいし、都合によってはCの設備に全面的に頼ることもできるという図式である。それじゃあいままで家族という関係を保証していた夫婦の愛情だとか性だとか、そんなものはどうなってしまうかというと、勝手にしてもらう。それぞれの部屋に外への直接の出入口がついているのだから、この図式のなかではまったく自由、夫婦という関係にもはや拘束力がないということになるわけである。たんに自分たちの子供に対する責任を共有しているというだけの関係である。ただし、男も女も社会的には自立しているということが条件である。ということは仮にあなたがシングルマザーかファーザーかでもこの図式のなかでは夫婦という関係を保っている人と大差ないということになるわけです。いままでの家族という生活単位に比べれば、はるかにドライな単位集団の図式である。百人という人数もたぶん多すぎるし、Cという部屋の機能も、どんな機能を入れていったらいいのかよくわからない。実際の可能性についてはいろいろ問題があるとしても、このドライな図式が私はとてもいいと思う。

中心の共有される場所（C）を使わないなら使わなくてもいい。共有の場所は必要に応じてA、

Bのメンバーによって使われればいいわけである。つまり、この共有の場所を中心にする共同体は、場所を共有してはいても、その場所を共有することを強制されないという、選択的な自由な共同体である。

いままでの家族をなんとか保存するように、家族からはみだしてしまうものを別の組織に収容してその組織を充実させればいいという方法も、もちろんあると思う。日常の生活のなかから、その日常の生活に参加できない人たちを排除するという方法である。年寄りやハンディキャップをもった人たちはそれなりの施設を充実させて、そっちの側に収容してしまおうじゃないかというのが、いままでの対処方法だったと思う。そうしないと家族という単位そのものが成り立たないからである。このドライな図式ではそうしたハンディキャップをもった人たちも日常の生活のなかに組みこんでしまう。ただそれだけでは、いまの核家族という単位は、彼らを組みこむにはあまりにも小さすぎるから、その代わりに家族といういままでの単位を解消して、その単位に代わる別のもうちょっと機能的な社会単位を考えてみようじゃないかという、そういう思考実験の図式である。

＊

この図式の試作品のような住宅をつくった(図4—6、写真1)。岡山市に住む精神科医の住宅で、両親に子供ひとりというもっともシンプルな核家族なのだけれども、それぞれ三人の個室が

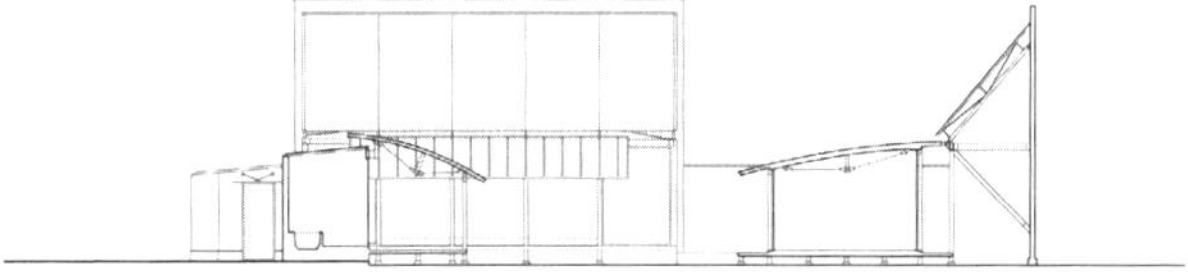

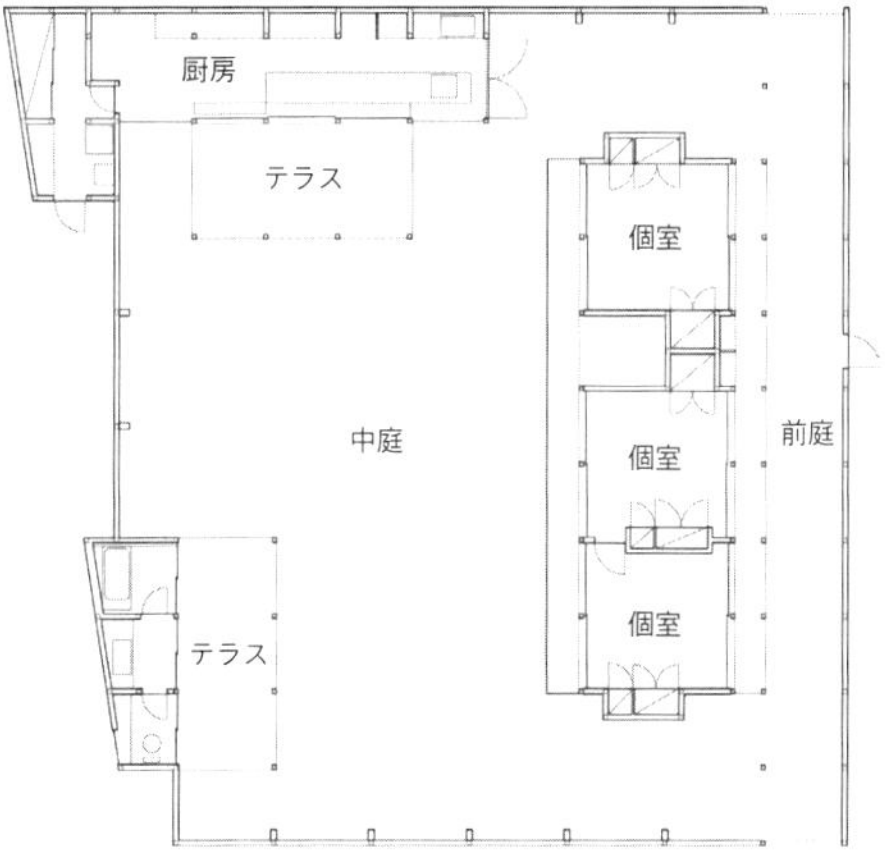

図4（上） 岡山の住宅（1992年）断面図
図5（中） 同、平面図
図6（下） 同、住宅図式

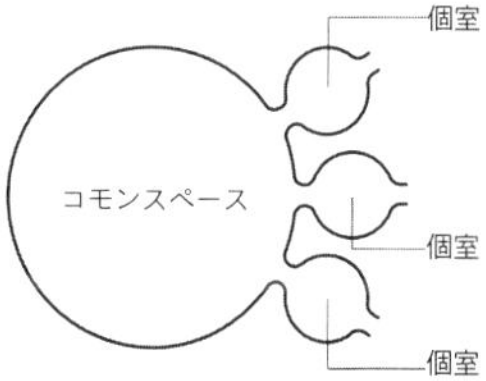

次ページ・**写真1**　岡山の住宅

直接玄関に面しているという、この図式をそのまま実現したような住宅である。

その個室を通過して奥の中庭部分に入る。中庭には風呂とか台所とか食堂とか、生活に必要な諸機能が点在している。ちょうど図式のCの空間にあたる場所である。家族のメンバーがそれぞれ自立していて、その自立したメンバーによって選択された結果としての共同体という図式である。メンバーの側からみれば、彼（彼女）はこの共同体以外にもさまざまな社会的なネットワークのメンバーでもあるはずである。その社会的なネットワークのひとつがこの「場所を共有する共同体」であるにすぎないという、そういう図式なのである。

いままでの地域的な共同体にしても家族という共同体にしても、場所を共有する共同体は確実にその構成員をその場所に拘束するようにしか働かなかったように思う。でもこの図式は各構成員を拘束しない。逆に個々人によって選択された共同体の図式がこの住宅なのである。

とは言っても、まだこの住宅は家族という共同体のための住宅である。だから試作品なんだけれども、個室が三つしかない。でも、この家を見ていると、個室の数が十個ぐらいになって、家族の範囲をこえるような人たちが入ってきても、十分になんとかなるように思う。家族以外の共同体の可能性はまだまだいくらでもありそうに思うのである。

私たちの責任はその可能性のモデルをつくることである。


（1992.3 – 9, remake 1992.12）

住居シミュレーション

＊いまの私たちの住居は、私たちの現実の家族という関係を忠実に反映しているのだろうか。たぶん、それぞれの個別的な住居は、それぞれの個別的な要因によって、必ずしも現実の一般的な家族の関係を忠実に反映しているわけではないはずである。

その個別的な要因をすべて排除して、現実の家族の関係を忠実に写しとる住居を考えてみたい。もし、現実の家族の関係に厳密に対応する空間図式が描けるとしたら、その空間図式は、逆に「いまの家族の現実」というものを冷酷に露呈させるはずである。

＊家族のそれぞれの構成員の行為は、構成員相互の関係に置きかえることができる。なぜ、ある構成員がある行為を分担するかということは、家族のなかでの構成員相互の関係である。

＊家族内の構成員相互の関係は、家族内空間＝FAMILY SPACE（F.S.）のなかの関係であらわすことができる。そして家族内空間は家族維持サービス装置のための空間である。だから逆に家

族維持サービス装置のあり方が家族内空間のなかの構成員相互の関係を、つまり構成員の諸行為を説明することになる（図1）。

装置は関係を顕在化させる。

＊個室＝INDIVIDUAL SPACE（I.S.）は構成員の社会的な関係を維持するための空間である。社会的な諸関係は、まったくの個人としての資格における社会的な関係である。個人としての資格というのは、社会的に認知されたASSOCIATIONに属することによって獲得される。逆に言えば、社会的に認知されたASSOCIATIONに属さないかぎり、個人としては認知されない。

つまり、I.S.は個人として社会的に認知された構成員のための空間である。

＊家族の構成員は、それぞれ個人としてさまざまなASSOCIATIONに属している。個人としてASSOCIATIONに属しているということは、彼が家族の構成員であるという属性とはまったく無関係である。

つまり家族とは関係がない。具体的には、I.S.の開いた口はASSOCIATIONに向かって開いている。そのとき、F.S.側の口は閉ざされている（図2）。

＊逆に、家族の構成員であるということは、彼が社会的なASSOCIATIONの一員であることとは無関係である。I.S.がF.S.に向かって口を開こうとするとき、社会的なASSOCI-ATIONに向かっている口は閉じられる（図3）。

I.S.は、ときにはF.S.に属し、ときには家族外空間に属している。つまり、一方に対して開

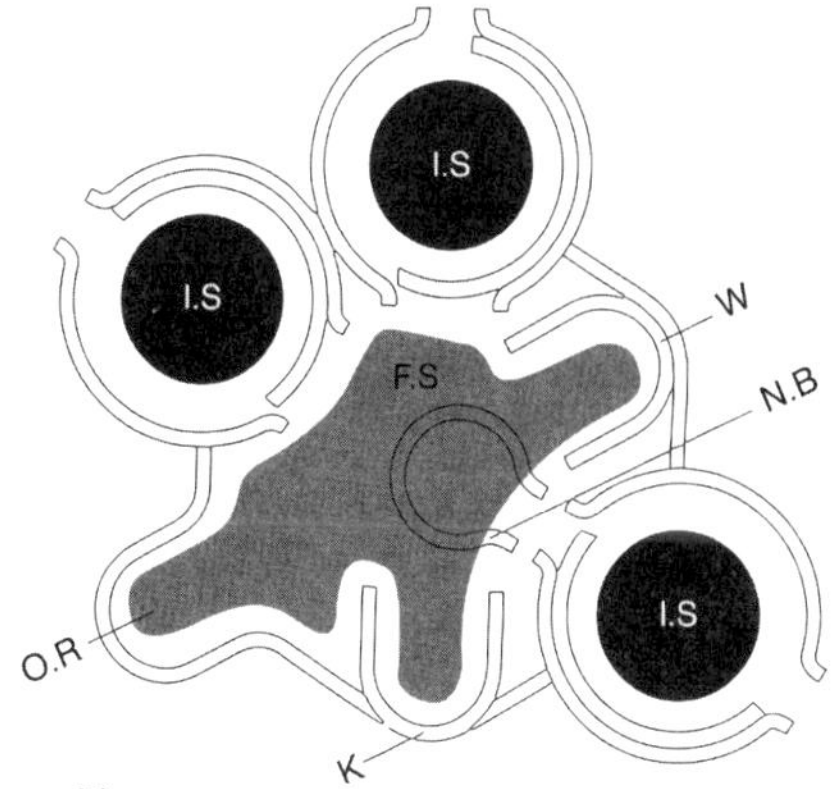

図1

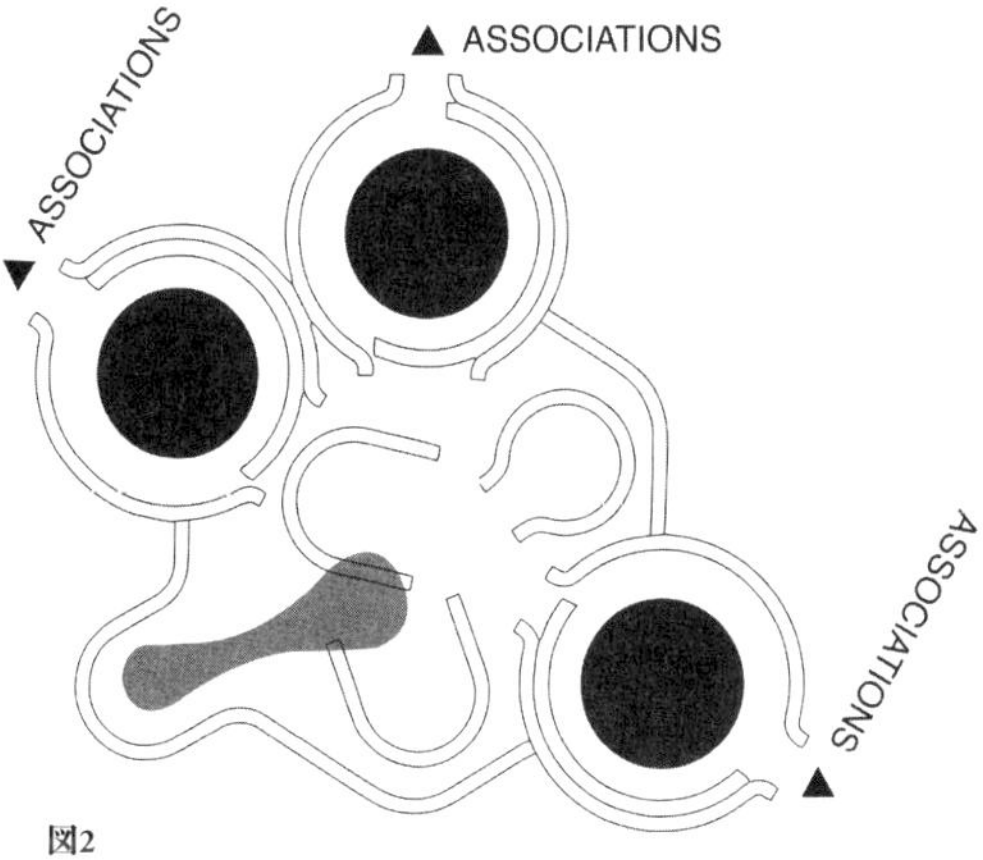

図2

I.S. ＝個室　F.S. ＝ファミリースペース
N.B. ＝主婦 / bed 装置　W ＝ bath、WC 装置
O.R. ＝老人室　K ＝ kitchen 装置　S.D. ＝勝手口

いているときはつねに他の一方に対しては閉ざされている。

＊ 主婦は家族維持サービスの役割を分担している。つまり、F.S. のなかの家族維持サービス装置そのものが主婦である。主婦が家族維持サービス装置であるなら、そのサービス装置は F.S. の内部にのみ限定される装置である。外部の社会的な諸関係とは無縁である。家族維持サービス装置は社会的な諸関係と接続される契機をもっていない（図2）。

つまり、主婦の I.S. というようなものは存在しない。だから、主婦（家族維持サービス装置）が社会的諸関係と接続されるときは、つねに他の構成員の I.S. を経由する。つまり何者かの妻、何者かの母としてしか社会的には認知されない。

＊ 家族維持サービス装置は、具体的には家事、育児、老人や病人の世話など家族の他の構成員に対するサービス装置の役割を負っている。

＊ 勝手口（S.D.）というのは、F.S. が直接外に向かって開いている口である。物質のみの出入口である（図4）。

＊ F.S. はもっともプライバシーの高い場所である。そのなかで人はまったくの無防備でいることができる。

＊ 最高度に閉鎖された F.S. がさらに集合することはありえない。他の F.S. と相互に隔離されることを前提としてはじめて集合住宅は可能である。

＊ I.S. が F.S. に向かって口を開くときは、家族維持サービス装置からのサービスを受けるとき

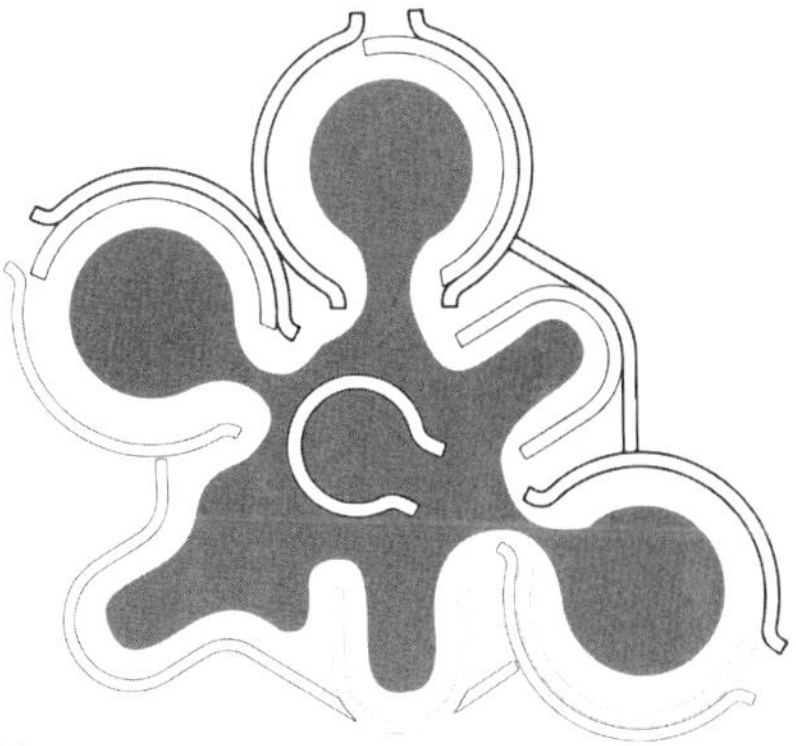

図3

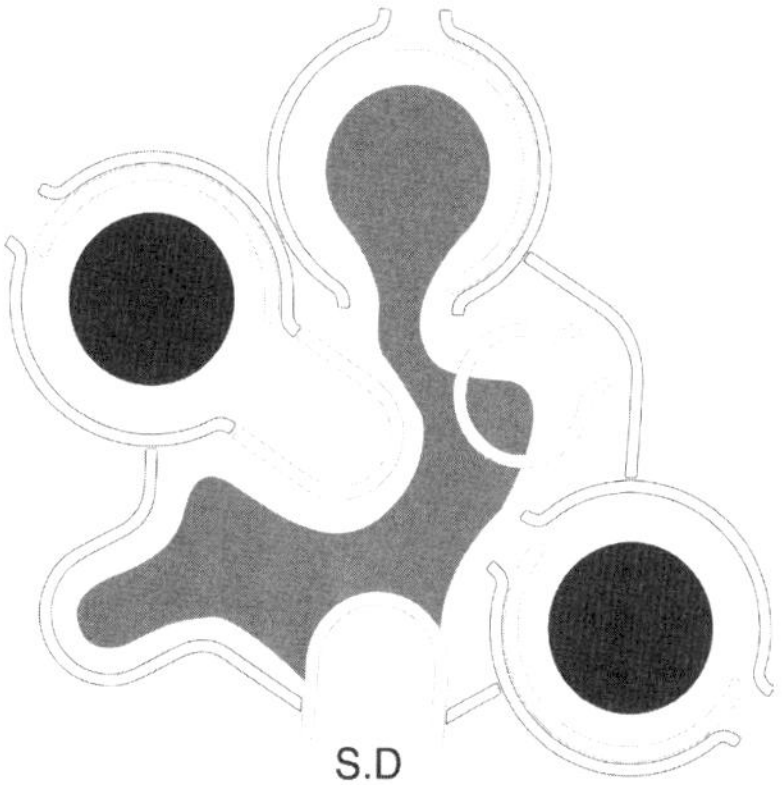

図4

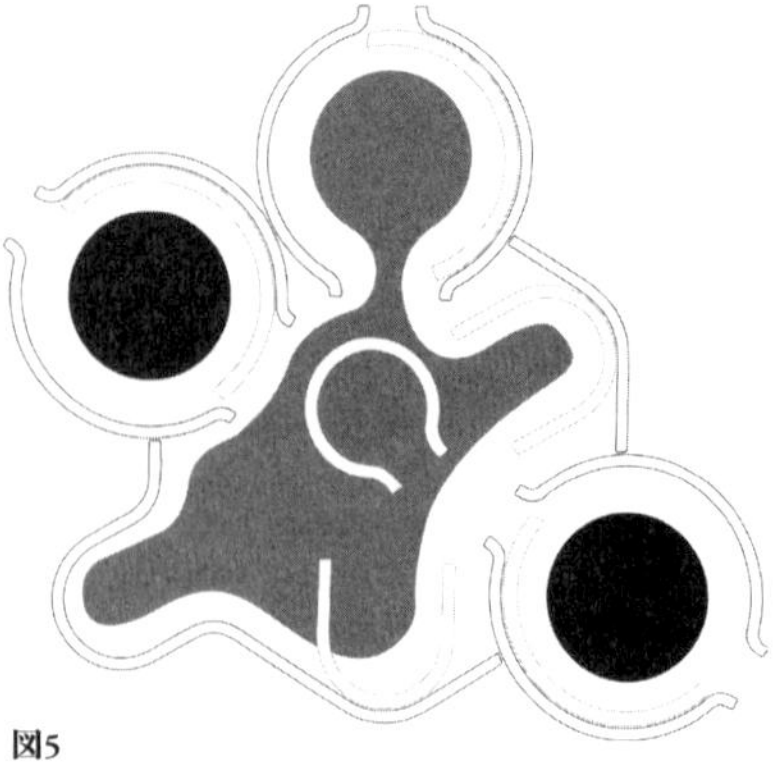

図5

である。I.S. は F.S. に含まれる（図3）。

＊ I.S. の口は必ず一方は閉じている。両方がともに閉じられることはあっても、両方同時に開かれることはありえない（図5）。

＊ I.S. は社会的な交流の場所である。たとえば客間であり、仕事場である。

＊ F.S. のなかに入ることができるのは原則として家族の構成員にかぎられる。来訪者は I.S. で応対される。ただし、来訪者が家族維持サービス装置からのサービスを受けるときは I.S. は F.S. に包含される（図5）。

＊ I.S. が無目的に F.S. に対して口を開くことはありえない。そこには必ず目的が存在する（図3）。

＊ 具体的現実的な性行為は家族とは無関係といえる。行為自体はけっして家族の初源的な関係ではないし、本質でもない。つまり、どことも関係づけられない空間（図6）。

＊ もし、主婦が I.S. をもつような契機があるとすれば、

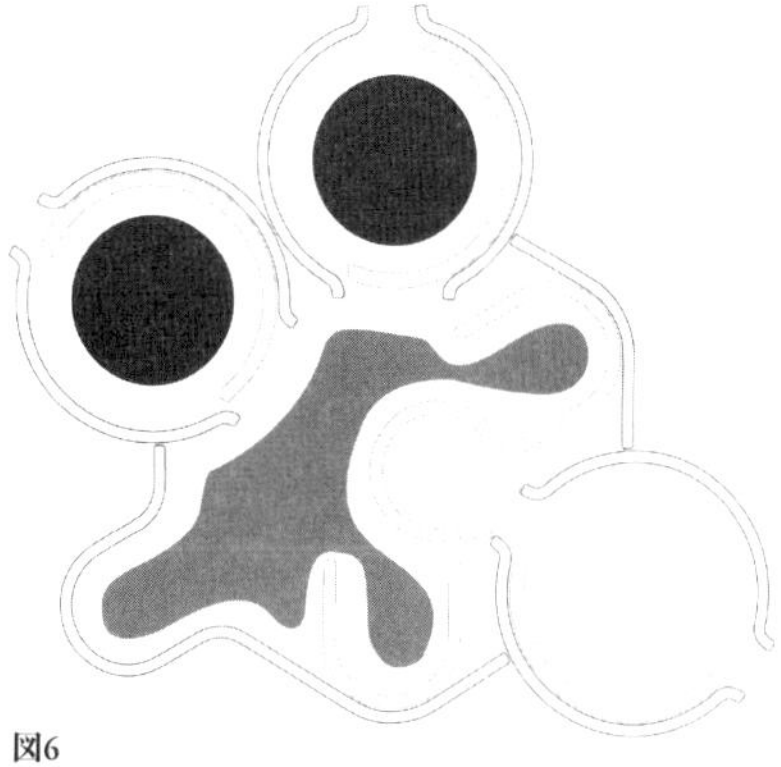

図6

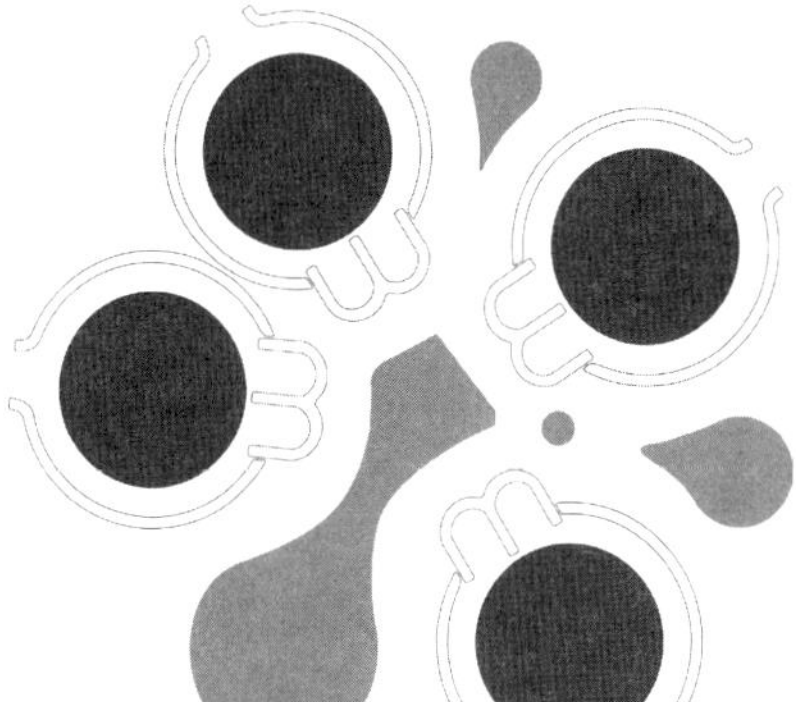

図7

それは家族維持サービス装置の役割から解除されるときである。すなわち、家族維持サービス装置が社会化され、あるいは個人化されることである。託児所、食堂、老人ホーム、病院、ランドリーのようなものとして社会化され、そしてサニタリー、台所のような設備機器、テレビ、電話のような情報機器はI.S.のなかにもちこまれる。そしてF.S.の機能は消滅する（図7）。

F.S.の機能の消滅は、I.S.をその場所に拘束している根拠をも消滅させる。つまり、I.S.そのものが居住単位になる。それはI.S.を所有する個人の属するさまざまなASSOCIATIONに向かわせるだろう。I.S.はさまざまなASSOCIATIONのあいだを浮遊する。いや、そうではないかもしれない。I.S.はスペースさえもたない。個人はASSOCIATIONに属するときはじめてスペースをもてるような、そんなジョイントだけを持ち歩くのかもしれない。いまわれわれが自宅の鍵と職場の鍵とを持ち歩くように、そして職場と自宅とその他の鍵の組み合わせがその人に固有のものであるように、持ち歩くジョイントは個性をあらわすことになるだろう。

＊

すでに家族維持サービス装置の社会化と個人化は進行している。ところが、これらの状況はまったく嚙み合っていない。見方を誤れば、たんに家族維持サービス装置の欠陥としか認識されない。

子供を殺す母親はたんに彼女が狂っているからではない。父と子の断絶は別に対話がないからではない。あたたかい家庭ではないから個人化が進行しているわけではない。F.S.そのものが消滅しようとしているのである。

（1970.3）

形式としての住居

「むかしはネ……」と生田勉[1]はいくぶん首をかしげながら言った。「畳と炬燵の生活を椅子とダイニングテーブルに変えるだけでたいへんな抵抗にあったものだ。ぼくもそのためにいくつか設計をだめにしたよ」。建物をつくることは住み手の生活に直接コミットすることであった。ひとつのダイニングテーブルがおそらく生活様式のすべてを変える力をもっていたのである。なによりも建物は、変えるべき生活像と変えられるべき生活像を結ぶ主要な武器のひとつであった。それがどれほど有効であったかは知らないけれども、少なくとも武器として成立するだけの基盤だけは準備されていたはずだ。「それに比べていまの人たちは……」。たいへんだねえ、そんな基盤もないしそれを期待されてもいないのだから、とも聞こえるし、気楽なもんだねえ、ゲームのようにつくっていればいいのだから、とも聞こえる。

たしかに、建築はすでにゲームであるのかもしれない。たったひとつのテーブルに力があったのはそのテーブルが生活習慣あるいは秩序、そして制度や規範といったものに直接的に抵触したからである。決められた部屋の決められた場所に誰がどう座るのかといったことも厳密に決まっていて、部屋も家具もそこに置かれた道具も含めて、それはひとつの機能であると同時に生活を秩序立てるための道具立てでもあったはずだ。つまりそれは住居という全体のなかの意味のある部分であったということができる。意味とは全体のなかでの役割のことである。そして全体とは制度的な約束事の話である。だからこそ建物をつくる作業それ自体が全体に関わることであり、制度や秩序に関わることであった。「巨きな時代はもう去ってしまったようだねえ……」。ひとつのテーブルに新たな秩序への期待を込めることももうできなくなってしまった。新たな秩序ではなくむしろそうしたものと無縁であること、制度や秩序とは無関係に、いままでの空間の様式とは違う新しい様式、あるいは新しい空間の構成方法といった、むしろ建築家のパーソナルな思い入れがより重要なのだ、建築はそれ自体自立した表現形式なのである。建築という形式の自立性こそ重要なのだという話は、たしかにそういうことも言えると思う。でも、もしそうだとしたら、それは一種のゲームに近い。建築という表現形式の内側のゲームである。そこには〈住み手〉はいっさい登場しない。いわばゲームのパトロンのようなものである。たしかにゲームは魅力的だ。しかし没頭するには、そうしたゲームとはあまりに無縁な風景を私は見過ぎてしまったように思うのである。

＊

東京大学生産技術研究所の原（広司）研究室の海外集落調査が始まってもう六年以上にもなる。その間に多くの集落、いくつものプリミティブな住居を見た。おそらくこうした集落や住居からゲームのテクニックを学びとることも不可能ではなかったはずだ。しかしそうするには集落は特殊でありすぎた。こちら側の視点すら定まらないのだ。便所のない住居がある。風呂のない住居、台所のない住居、食事をする場所がはっきりしない住居、さまざまな機能が混在した住居があるかと思えば、それぞれがまったく分離したものもある。機能や用途によって住居を見ようとしても、それだけではおそらく住居の範囲あるいは単位を確認することすらおぼつかないだろう。便所がなくても住居なのか、台所がなくてもやはり住居と呼ぶべきなのか。

個別的に見てゆけばたしかに住居も集落も特殊だ。ときには異様でさえある。しかしすでに私たちの知っているさまざまな行為をあらかじめ想定しておいて、そうした行為に対応するものとして集落や住居を見ようとするかぎり、住居もそしてその集合としての集落もつねに例外でしかない。異様なのは集落の側にあるのではなく、それを異様なものとして見る眼をもってしまった私たちの側にあるらしい。つまり行為とか用途といった概念それ自体が私たちの眼の方向をすでに決定しているのである。行為とはそれが対象化されるかぎりつねに普遍的単位としての行為なのである。現実には時間的に連続している動作がそのつど細分されることによって行為はその普遍性を獲得する。たとえば眠るという行為や食べるという行為だけを取り出せば、どんな人間だって食べもするし眠りもするといった意味での普遍性であり、そうした行為を支えているさまざまな状況や場面を切り離すことによって獲得された、いわば標準行動単位である。つまりそれは意味を捨象された普遍的単位である。人間のあらゆる動作が普遍的単位としての行為の組み合わせによって確認することができるのと同様に、行為に対応する普遍的空間単位を想定することによって、あらゆる機能的空間は普遍的空間単位の組み合わせによって表記することが可能になると言える。そして用途とは行為と普遍的空間単位の関係のことである。もっと単純に言ってしまえば、眠るという行為に対する寝室のことであり、調理する行為に対する厨房、排泄する行為に対する便所、食べる行為に対する食堂などのことである。住居とはそうした行為に対応する空間単位のたんなる組み合わせでしかないということにしておけば、それなりに私たちの視点は確保できるというわけである。

　ところが実際には、集落を形成する住居の主要な部屋がそうした用途にもとづく室単位によって構成されることなどきわめて希でこそあれ、支配的などとはとても言えそうにない。たとえばイスラム圏やヒンドゥー圏の「男の部屋」「女の部屋」によって構成される住居、それはもう用途などとはある意味でまったく無縁だとさえ言える。それぞれが眠る場所であり、また食べる場所にもなりうるし、かといって男と女という生物学的な差異によって厳密に使い分けられているわけでもない。厳密さは用途や男女の性的な差異にあるのではなく、そこでの作法だとか態度だとかに関連しているようなのである。作法とは行為そのものではなく、〈行為の仕方〉のことである。そして行為が動作の分節化された普遍的単位であるなら、〈行為の仕方〉とはどんな人間だって飯を食うことに関してはみな同じといった話とはまったく逆に、さまざまな異なった集団ごとの約束事の話である。つまり〈行為の仕方〉とは集団に固有の秩序、あるいは制度的側面と深い関わりをもつものなのである。

*

「男の部屋」「女の部屋」の関係をたんに男女隔離の原則に置きかえてしまうと問題を見失うことになる。「男の部屋」とは外部に対して開かれた場所のことであり、「女の部屋」とは家族だけの閉ざされた場所を意味している。「女の部屋」に入ることができるのは家族の者だけにかぎられ、とくに家父長と年少者以外の男は原則として入ることが許されていない。部屋のなかには一般にかまどが設けられていて、家族はここで食事をとり団欒し、そして眠る。要するに家族室である。一方、「男の部屋」はさまざまな来訪者のために開放されることによって、逆にそれ以上外からの人を中へは入れない、言ってみれば防御装置でもある。そうして防御されているからこそ、家族の者だけの閉ざされた場所である「女の部屋」での生活もまた可能になるわけである。つまり「男の部屋」とは「女の部屋」に入る者を制御し、家族全体をひとつの単位として秩序立てるための場所なのである。そして「男の部屋」に入ることができる者は、入ることが許されているからこそ男なのであり、入ることが許されていないから女なのである。男と女とは生物学的な差異としてある以前に、ひとつの生活規範あるいは制度としての差異なのである。

秩序あるいは制度や規範といったものが集団の関係をよりスムースにコントロールするための方法であるとすれば、建築とはそうした方法のためのひとつの道具立てであるはずだ。「男の部屋」「女の部屋」によって構成される住居はまさにそうした道具立てとしての住居の構造を端的に示すものである。と同時に「男の部屋」＝〈開かれた場所〉と「女の部屋」＝〈閉ざされた場所〉との関係は、集団のレベルとものレベルとを結びつけるもっとも基本的な図式でもある。つまり〈開かれた場所〉とは概念的には集団の外部に対する表現形式の問題なのである。

少なくとも人間の集団がひとつの秩序をもったまとまりであるなら、そこには必ずその外側の社会に対する表現手段を内包している。というよりそうした表現手段がその集団を、秩序をもったひとつの単位あるいは全体として現象させると言ったほうがより正確かもしれない。つまり一般的に私たちは、すでに表現された結果としてしかまとまりとしての集団を確認することができないと同時に、集団の秩序といったものはそうした表現手段によって内容もまた決定されざるをえないのである。たとえば家父長というのは家族という集団の表現手段を体現する者のことである。家父長の地位は一面で家族の代表者であり、一方で支配する者を意味している。代表とは外部に対する表現手段を独占することであり、だからこそ他の家族の構成員を支配する資格を有するのである。

つまり家父長の地位は外部との関わりによって決定されるわけである。そして外部とはこの場合、一種の権力機構を内包した組織としての共同体をイメージさせる。こうした権力機構に直接的に組みこまれることによって共同体の正規のメンバーとしての資格を獲得する者、それが家父長と呼ばれるのである。一方、その他の家族の構成員は家父長を通じてでなければ上位の権力機構に組みこまれえない。つまり社会的関係（上位の共同体との関係）をもちえないというのはどういうことかというと、家父長の妻あるいは子供として以外社会的にはなんの意味ももたないということである。妻あるいは母と子とは血縁関係である以前に家父長との関係を規定する、言ってみれば家族という集団の秩序に関わる言葉としてとらえることができる。

家父長とは権力機構としての上位の共同体と家族との中間に位置して、権力が家族の内部にまで直接的に介入するのを避け、家族を個別的な秩序を内包した閉じた単位として成立させる一方で、上位の権力機構に組みこまれることによって家族のなかでは唯一の人格をもった個人としての資格を与えられ、家族を支配する権利をもつのである。つまり家族の秩序とはこうした上位の権力機構との関わりのことである。

＊

「男の部屋」とはそうした家父長に対応したものだと考えることができる。背後に引きずっている家族を外部と切り離して閉鎖的な単位とするために、そして一方では外部との関係を保つために「男の部屋」はある。つまり家父長の役割が形象化され空間化されたのだと言うことができる。

だからこそ形象化されたものの側から集団の関係を考察することも可能なのだ。私たちは、空間のシステムとは別のところですでに認定された家族あるいは共同体にただ一方的に対応するだけの住居や集落を見ているわけではない。と言いたいところなのだが、そのあたりは相当にきわどい。実際私たちは集落のかたちを見ているのか、それともその制度的側面を見ているのかときとしてよくわからなくなる。それだけ両者が密接に結びついているとも言えるし、多少なりとももっている私たちの知識がそう見せているとも言える。しかし「形象化されたものの側から」というのは観察の姿勢の表明であり、さしあたりものの見方を決定する概念的枠組みを示しているにすぎない。もともと観察する立場そのものがすでに調査し利用する立場なのだ。重要なのは保証つきの客観性ではなく、枠組みの有効性であり、その限界を指し示すことである。

私は行為という言葉を作法とか態度とかふるまいとしての〈行為の仕方〉と言いかえ、寝室だとか便所だとかの機能的空間単位を〈開かれた場所〉〈閉ざされた場所〉と言いかえてきた。主体的な個人の行動の一般解として行為といった概念が抽出され、あらゆる空間は行為に対応した空間単位の組み合わせによって実現することができるとするかぎり、逆に実現された空間は原理的にはどんな個人の主体的な行動にも対応することができるはずだ。空間は主体的な個人に対応し操作されるものとしてである。一方、〈行為の仕方〉とは何ものかに拘束されたかぎりでの個人を前提とせざるをえない。何ものかに対する態度なのであり、何ものかに対して〈開かれた場所〉なのである。たとえば家父長とは上位の支配機構に組みこまれ拘束される者のことであり、拘束された態度、つまり行為の仕方を指示する道具立てとしての空間が〈開かれた場所〉〈閉ざされた場所〉なのである。

軽々しく言ってしまえば、主体的な個人のものに対する操作性の側面を機能と呼ぶとすれば、その逆の側面が意味とかいうものと深く関わっているのではないだろうか。もののもつ意味を問うことと、ものからの拘束性を問うこととはおそらく同義である。

住居が家族としての集団を拘束する道具立てとしてあるかぎり、基本的にはその拘束の原理はひとつである。ただ拘束するものの違い、つまり何に対して〈開かれた場所〉であり〈閉ざされた場所〉なのかといった違いが住居そしてそれに関わる集団の特性を決定しているにすぎない。とすれば、さまざまな地域や時代の住居の特性といったものはその外側の社会との関係を指示することによって確かめられるはずである。つまり、住居は家族という共同体とその外側の社会（その家族を含む上位の共同体）との関係を調停する空間装置なのである。

＊

ものからの操作性といったところで、それはしょせん形式の話である。形式とはつまりモデル化された現象のことである。だから私の見ている集落の風景はすでにモデル化された風景なのであり、そうした意味ではこの場所のこの時代の住居もけっして例外ではない。現実に目の前にいる具体的な〈住み手〉を形式として見る眼は、集落を見る眼とさして変わらないと言える。

もちろん、この場所のこの時代の住居の特異性というのはある。この時代のこの場所の住居と私たちが見てきたプリミティブな住居との違いを列挙すれば、その違いを無数にあげることもできると思う。でも、住居という空間装置が家族という共同体と、その外側の社会との関係を調停するための空間装置であるという、その役割は同一である。無数にあげることのできる差異はたんに同じ形式のなかのさまざまなバリエーションであるにすぎない。つまり、私たちの住居のモデルもはるか彼方の集落のなかの住居のモデルも同一のモデルとして描くことができるはずなのである。

（1978.8）

注

（1）生田勉（一九一二―一九八〇）建築家、東京大学教授。立原道造の親しい友人であった。寡作ながらすぐれた住宅作品で知られている。

「パブリック／プライベート」は空間概念である　〈閾〉という概念をめぐって

むかしの都市というのは、家族があり、その上にコミュニティがあり、コミュニティの上に都市があったわけです。パブリックなものというのが厳然とあって、一方にプライベートなものがあり、それぞれに空間が対応してわれわれの都市をつくってきたわけです。しかし何年も前からいろいろな人が、そうした考えが多少おかしくなりかけているのではないかと指摘しています。これは究極には、何がパブリックで何がプライベートなのか、という問題に行き着くような気がします。

イタリア貿易振興会主催のシンポジウムで、槇文彦氏の基調講演はこんな主旨の話だった。そうだと思う。何がパブリック（公）で何がプライベート（私）なのかがよくわからなくなっているのである。

何がパブリックで何がプライベートなのか。あるいはプライバシーとは、あるいはコミュニティとは、そうした問いに答えることがきわめて困難なのである。問い自体がとくに新しいからというわけではない。ただ要するにうまく答えられないのだ。答えられない理由は単純であるようにも思う。こうした問いが理念に関わっているからである。つまり価値評価に関わっているからである。そしてその理念が、空間あるいは建築に密着しているからである。つまり「何がパブリックで何がプライベートなのか」という問いには、「何がパブリックな空間で何がプライベートな空間なのか」という問いが含まれているからなのだと思う。そして、そのふたつの問いの境界がまったく不明瞭だからなのだと思うのである。

プライバシーやコミュニティという言葉、あるいはパブリックやプライベートという言葉、これは明らかに人間と人間との関係に関わる抽象的な概念であると私たちは思っている。そしてその抽象概念が空間化されることによってはじめて現実化され可視化される。つまり形象化されるわけである。だから、困難だというのは二重の意味において困難なのである。プライバシーやコミュニティという理念に対する評価の困難さと、その理念が空間化、建築化されるときの手続きの困難さである。

プライバシーやコミュニティという概念を抽象的な理論として語ることはたしかにできるように思う。理念として評価することもできる。でもその抽象概念を空間化、建築化するには、またもうひとつの別の手続きが必要なのだと思うのである。空間に関わる理論である。抽象概念を空間概念に移行させる理論である。

このあたりはいま、じつに曖昧になっているように思う。私たちはあまりに無防備であるように思えるのである。

コミュニティの理念について語りながら、それが突然に瓦屋根の集合住宅になったり、あるいは伝統的な壁の素材や、どこかヨーロッパの集合住宅の様式を採用したりと情けないほど無防備なのだ。ひとつの理念が空間化あるいは建築化されるときの移行の手続きが明瞭になっていないからである。

ただちょっと広めの空地を広場と呼び、コモンスペースだとかパブリックスペースだとか臆面もなく呼ぶことができるのも、あるいはひとつの住宅のなかの寝室群を私室、リビングルームを公室と呼んで平然としていられるのも同じ理由である。人と人との関係の図式、あるいは人間の集合の仕方に対する理念のようなものが空間の図式に置きかえられるときの手立てがまったくないからなのだと思う。だからその理念は、いとも簡単に建築の情緒的な、あるいは表層的な処理の問題にすり変わってしまうのである。そしてそうした情緒的な処理の仕方が逆に理念そのものを無力にしてしまうという悪循環がいまの私たちの問題のすべてなのだという気がするのである。

いや、それもよくはわからない。抽象概念を空間概念に移行させるなどというそんなうまい手立てがあるのだろうか。おそらく今世紀初頭あたりから延々と苦戦をしてきて、それでもいい手立てがみつからないというのは、ひょっとしたらどこか問題の立て方そのものが間違っているのではないのか、という話だってあるのだ。空間化の手続きのようなものがあって、理念と空間の図式との橋渡しをするという考え方そのものがもはや破綻しているのかもしれないのである。

私たちはパブリックやプライベート、あるいはコミュニティについて語るけれども、じつはそうした概念について語るということがすでに空間との関係について語っているのではないのか。つまり空間との関係で記述しないかぎり記述しようがないのではないかという疑問である。プライバシーやコミュニティという抽象化された概念なり理念が先にあってそれが空間化されるのではなく、もともとプライバシーやコミュニティという概念そのものが空間的な概念を含んでいるのではないのか。

「何がパブリックで何がプライベートなのか」という問いと、「何がパブリックな空間で何がプライベートな空間なのか」という問いの境界など、もともとありえないのかもしれないのである。

言い方をかえれば、パブリック、プライベートあるいはコミュニティなどという集団と個人に関わる概念は、少なくとも空間化されないかぎり現実化されないと言ってもいいように思える。そして空間化されるというのは、空間と空間との関係に置きかえられるということである。だとすれば、現実的な問題としてパブリック、プライベート、あるいはコミュニティについて記述しようとするなら、それは空間の配列との関係として記述できるということである。

たとえば次の鈴木成文氏の見解は、冒頭に引用した槇文彦氏の話とおそらく同じ内容の話をより現実的に、つまりより建築に引き寄せて述べたものである。

集合住宅に住まってみてもう一つ感ずることは、戸外との縁がすっぱりと切れた間取りのことである。住居の閉鎖性・開放性、内と外の交流については、これもしばしば研究としてとり上げたことだが、住んでみての実感はおそろしい。階段を上がって行っても目にするのは閉ざされたスティールドアだけで、住戸内部の動静は皆目わからない。ドアを閉めて戸内に入ってしまえば全く世間から隔離された別天地になる。(「集合住宅の生活と間取り」、「建築雑誌」一九九〇年八月号)

鈴木氏の語り口は、パブリックとは何か、プライベートとは何か、という問いを空間に即して問いかけたものである。すなわち「閉鎖性」「開放性」「内」「外」「隔離」という言葉に置きかえて語っている。閉鎖性、開放性、内、外といった言葉は空間に固有の言葉である。なんらかの空間の性格あるいは関係について説明する言葉である。閉鎖性というのは「空間の閉鎖性」ということであり、開放性というのは「空間の開放性」のことである。内、外というのも、ある固有の性格をもった空間の内側、外側という意味だと思う。

あたりまえの話だ。あたりまえの話なのだけれども、それでは閉鎖的な空間とは、あるいは開放的な空間とはどういう空間なのかと問われると、それがじつはよくわからない。そしてそれがよくわからないから、さまざまな問題が錯綜してしまうのだと思うのである。

開放的であるか、閉鎖的であるかというのは、たんにドアの素材がスティールなのか、それともガラスの入った框ドアなのかという素材の問題などではないはずである。

空間の配列の問題なのだと思う。

閉じているか、開いているかというのは、その境界にある素材の問題である以前に、接しあうふたつの空間相互の関係のことであるように思えるのである。その接しあうふたつの空間の関係を一般解として、つまり素材の問題としてではなく記述する手立てがあるのかどうか、という問いである。もしそれが可能なら、つまり閉じている関係あるいは開いている関係というものを空間の関係として記述できるとすれば、パブリックとは、あるいはプライベートとは、というそうした話を空間の配列との関係として論理的には記述することができるというわけである。

もしパブリック、プライベート、あるいはコミュニティなどという概念が空間に関わる概念であるなら、こうした概念そのものを空間に関わる言葉で説明できるはずである。つまり、空間の配列として説明できるはずである。

単純化して言えば、パブリック、プライベートあるいはコミュニティという概念は、空間的な概念である。つまり、何ものかに対して開いている、あるいは閉じているという空間との関係として記述することができる。そして開いている、閉じているというのは、その境界の物理的な性能や素材の話ではなく、空間相互の関係のことである。すなわち空間の配列のことである。

こう言ってしまうと、なんだかあまりに単純で一方的で気が引けるのだが、要するに、開いている、閉じているという状態を空間の配列として記述できるかどうか、ということなのだと思うのである。

〈閾〉という概念

図1は、昨年(一九九一年)暮れに完成した「熊本県営保田窪第一団地」の住戸の配列を図式化したものである。百十世帯の住戸が中央広場を囲むように配列されている。いわゆる「囲み型」の住棟配置計画なのだが、ただ従来の囲み型の計画と異なっている点は、この中央広場に誰でも自由に入れるような出入口をとくに設けていない、ということである。集会室がゲート的な役割を果たしてはいるけれども、基本的にはこの中央広場に入るには各住戸内を通過することが条件である。

中央広場を囲んでいる各住戸には、ふたつの出入口が準備されている。ひとつは外から各住戸にアクセスするための出入口、つまり玄関である。もうひとつは中央広場に接続する出入口である。実際には百十世帯の住戸は東、西、北の三つの住棟に分かれていて、さらにそれぞれの住棟は五―八世帯を一ブロックとする合計十六のブロックに分かれている。その十六のブロックの各々にふたつの階段室がついているわけである。アクセス側と中央広場側のふたつである。だから、このふたつの階段室によってどの階に住んでいる人も自分の住戸を通過して自由に中央広場に下りることができる。つまり、ひとつひとつの住戸自体が中央広場に入るためのゲートのような役割を果たしているわけである。

この住棟配置を概念的な図式に置きかえると図1のようになる。

つまり中央広場がこの団地の住人たちの専用になるような住棟配置である。外部に対してはきわめて閉鎖的にできているのである。実際には集会室の横に非常用の出入口があって、そこを開けておけば中央広場は外部に開放されるようになっている。だから厳密にこの図式どおりというわけではなくて、概念的にはこういうシステムになっているという意味である。外部に対して閉鎖的な空間の配列になっている。

そしてここで言う閉鎖的というのは、純粋に空間の配列によってのみ生みだされた閉鎖性である。そして外部というのはこの配列の外側という意味である。この配列によってつくりだされた外部である。

各住戸を通過して中央広場に入るという住戸の配列が、この閉鎖的な中央広場をつくりだしているわけである。つまり各住戸が中央広場を外部から切断する役割を果たしている。あるいは接続する役割を果たしている。この各住戸の中央広場に対して果たしている役割のことを〈閾《しきい》〉と呼ぶ。

〈閾〉という概念については、いままでにも何度か説明してきたけれども、簡単に言うと「ふたつの相互に性格の異なる空間のあいだにあって、そのふたつの空間をたがいに切断し、あるいは接続するための空間的な装置」のことである。その空間装置を〈閾〉と呼ぶ。

あるいは、ある性格をもった空間のなかにその空間とは異なる性格の空間を置こうとして、それでも相互の空間の性格を変質させないための空間装置のことである。抽象的な図式に置きかえると図2のような図式になる。言い方をかえれば、Bという性格をもった空間をAという空間から切りとるための装置が〈閾〉だというわけである。そしてこの〈閾〉によって切りとられたBのAに対する関係を「閉じた関係」と呼ぶことができるのではないかということである。

閉じた関係というのを概念的に図式化する方法はほかにもあるのかもしれない。たとえばひとつの閉曲線を想定して、その内側の外側に対する関係というような、もっと一般的な図式化の方法もある。でも閉じた空間といっても、その空間が外側の空間とまったく遮断されている状態、

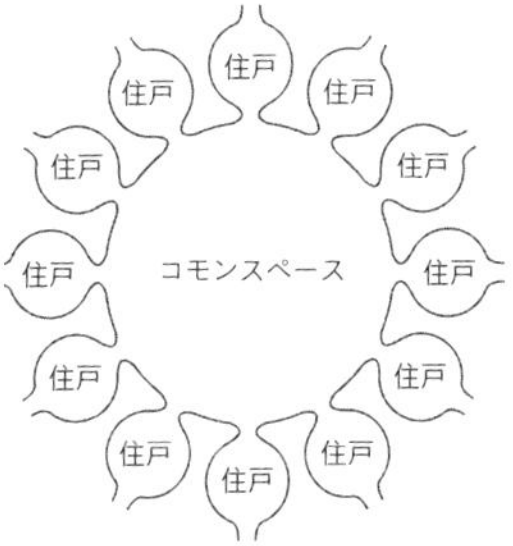

図1

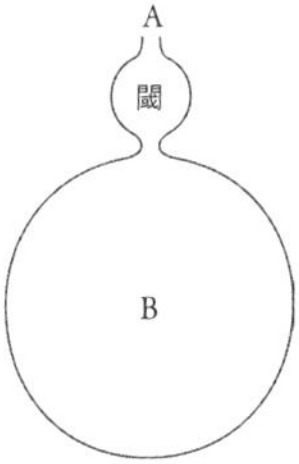

図2

まったく交流のない状態を想定しても、それは現実的にはほとんど意味をもたないように思う。あるいはその閉曲線自体、つまり境界の性格によって閉じているか開いているかを指示しようとすれば、それは前に述べた境界上の素材の話に置きかわるだけである。

閉じているか開いているかというのは、物理的に遮断されているかどうかではなく、空間相互の交流になんらかの制約があるかどうかという話なのだと思う。そして〈閾〉がその制約である。もし〈閾〉によって閉じた空間をつくりだすことができるのなら、その閉じた空間こそが外部に対してもっともプライバシーが高い空間のはずである。つまり読み方を変えれば、〈閾〉にあたる空間がパブリックな空間で、その奥がプライベートな空間である。

外部と交流するための空間装置が〈閾〉である。その〈閾〉によって外部の空間の性格と相互に干渉し合わないように防御されている空間、奥にある空間、つまり、外部との交流が制約されている空間のことをプライベートな空間と呼ぶことができるように思うのである。そしてもしそれをプライベートな空間と呼ぶことができるとすれば、その「プライベートな空間」という言葉は、空間の配列によってつくりだされた、ある空間の性格に対してそう呼んでいるにすぎないわけである。その空間に帰属する人間の数とか固有性とか、そうしたものが先にあって、その関係に応じてつくりあげられた空間の性格であるわけではない。空間の配列によってその空間の性格が決定されるということは、むしろ逆に空間の配列そのものがそこに帰属する人間の関係を規定するように働いていると言ってもいいように思うのである。

図3　熊本県営保田窪第一団地（一九九一年）

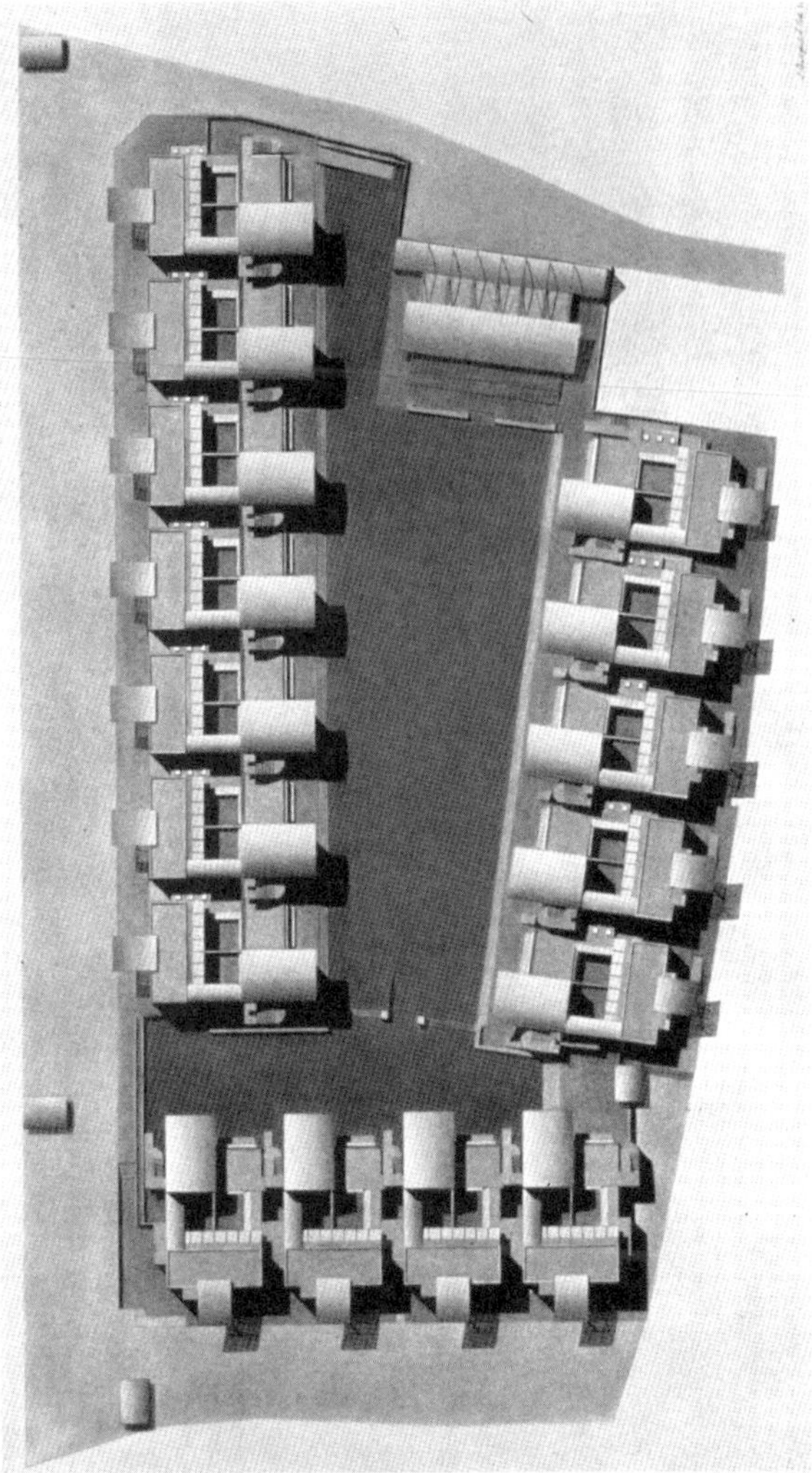

次ページ・**写真1**　熊本県営保田窪第一団地

〈閾〉＝空間ユニットをつくりだす装置

〈閾〉がAという性格をもった空間からBという性格の空間を切りとる役割を果たしていると言った。そしてそのBのAに対する関係を「閉じた関係」と呼ぶことができるという話であった。言い方をかえれば、〈閾〉はBというひとつのユニットをAという空間から切りとっている。

Bという空間は、Aという空間とは異なるひとつの固有性をもった空間として、Aから切り離されているわけである。その固有性を保存するように〈閾〉が働いていると言ってもいい。その固有性がつねに保存され、持続されるものだとしたら、そしてそれが〈閾〉によって外部からつねに切り離されているのだとしたら、その固有性をもった空間はそれ自体、独自の空間ユニット、自律的な空間単位と呼ぶことができるように思うのである。

端的に言うと〈閾〉とは、ひとつの空間ユニットをつくりだすための装置である。

その空間ユニットのことを、たとえば住宅というように呼ぶこともできる。あるいはもっとスケールの大きい共同体を規定するような空間ユニットを想定することもできる。村のような、あるいは住宅の集合のようなユニットである。

もしそのユニットを住宅と呼ぶなら、〈閾〉にあたる空間を「座敷」とか「客間」とかパブリックな関係を保つための部屋の名称で呼ぶこともできるし、その奥のプライベートな関係を保つための空間を「茶の間」というように機能に関わる名称で呼ぶこともできる。あるいはイスラム圏やヒンドゥー圏によく見られるようなパブリックな空間を「男の部屋」、プライベートな空間を「女の部屋」という名称に置きかえて呼ぶこともできる。部屋の名称は用途によって呼ばれる場合もあるし、人と人との関係で呼ばれる場合もある。地域によって文化によって、あるいは時代によってもさまざまだと思う。平面構成もさまざまである。それでもその空間の配列を住宅と呼び、多様ではあっても同一の構造をもっていると確認できるのは、それがひとつの閉じた空間ユニットであると確認できるからである。

ひとつの住宅に住む家族のバリエーションもさまざまである。それでもそれが家族と呼ばれ、同一の構造をもった集団のバリエーションのひとつであると認定できるのは、住宅と呼ばれる空間ユニットに住んでいるからである。住宅という空間ユニットに拘束されているからである。つまりその住宅と呼ばれる空間の配列が同一の構造をもっているから、その空間の配列に拘束される集団を、たとえそれがどのような集団であれ、同一のもののさまざまなバリエーションのひとつだと認定できるというわけである。

つまりこの〈閾〉による空間ユニットに拘束される人間の関係を家族と呼ぶ、そういう逆の言い方も可能であるように思える。空間の配列という視点からだけみれば、そういう言い方も可能だという意味である。

空間の配列、〈閾〉によってつくりだされる空間ユニットが家族という関係を拘束し、補強しているということなのだと思う。そしてもしそれが正しいとすれば、つまり空間ユニットが人間の関係を拘束し、それをひとつのユニットに仕立てあげているという考え方が正しいとすれば、その考え方はたんに家族との関係においてだけではなく家族の集合との関係においても成り立つものでなくてはならないはずである。つまり住宅の集合をまたひとつの空間ユニットとして記述するにはどのような方法がありうるかという問いである。

結局は何がひとつのユニットとして記述できるか、ということであるように思う。すでに見てきたように何がパブリックで何がプライベートかという話も、このユニットとの関係として述べることができるように思うのである。

集合住宅の〈閾〉

住宅＝家族が揺るぎないひとつのユニットであるという幻想を私たちは共有している。でもそのユニットの集合を、また大きなひとつのユニットとして記述するにはどういう方法があるのだろうか。

ふたつあるように思う。ひとつは集合全体に対してひとつの〈閾〉を準備するような配列である。もうひとつはそれぞれの住戸自体が集合全体に対する〈閾〉であるような配列である。ともにひとつの閉じた空間をつくることができる。どちらが正しいというわけでもないと思うのだが、前者は住戸の集合全体をひとつの〈閾〉によってコントロールするような、きわめて強力な管理システムをイメージさせる配列である。たとえばかつての封建制的な共同体のシステムである。それに対して後者の配列によってつくりだされる閉じた空間は、それぞれの住戸の自主的なコントロールによって実現されている。ひとつひとつの住宅によってその集合全体がコントロールされるという、前者の管理システムとは逆転した管理システムの集合形式である。

とくに今回のような公共の集合住宅の場合には、前者のような配列のシステムはほとんど不可能であるようにも思う。もし住戸の集合をたんなる和集合として扱わない、つまりそれ自体をひとつのユニットとしうる可能性があるとすれば、たぶん各住戸が〈閾〉であるような後者の配列のシステムではないのかと思われる。

保田窪第一団地は、だから各住戸がそれぞれひとつの〈閾〉になるよう配列のシステムを採用している。この百十の〈閾〉によって閉ざされた中央広場がプライベートな空間であり、各住戸が直接外側の社会に接続されているという、従来の集合の方法とはまったく逆転した配列になっているのは以上のような理由によっている。百十戸の住戸の集合をひとつのユニットとして構成するための空間配列である。

そしてこの百十戸の配列がひとつの完結したユニットであるとしたら、その完結したユニットの内側の関係が「コミュニティ」と呼ばれる関係である。つまり、〈閾〉によって閉ざされた中央広場というもっともプライバシーの高い空間、百十戸によって占有された空間が「コモン」と呼ばれる空間であり、その「コモン」をめぐる関係がコミュニティである。そして、逆にその完結したユニットのその外側との関係が「パブリック」という関係である。

つまりコミュニティという関係、あるいはパブリックという関係、そしてプライベートという関係を空間の配列として表記しようとすれば、このように表記することもできるという意味である。

(1992.6)

Ⅱ　住居計画

私的建築計画学

「山川山荘」（一九七七年）という小さな週末住宅と、ほかに三つほどの小住宅を「新建築」に発表したのが一九七八年の八月だから、今回発表する「HAMLET」（一九八八年）までぴったり十年間ということになる。私としては、うん十年間か、と少しは感慨深くなったり納得したりしてみてもいいのだけれども、他の人にはなんの関係もない。知らないよという話だと思う。ただ私の方法というのは、方法というほど綿密なものじゃないけれども、いや綿密じゃないぶんだけ時代の枠組みのようなものに割に素直に収まってしまうところがあるように思っている。何を考えてその計画をやっていたかというその考え方が私にだけ固有のものというより、その時代がもっている固有の枠組みのなかにぴったり収まっているといった感じなのである。いまあらためてみるとそう思う。だとしたらこの十年間、私の頭のなかを整理してみるのも少しは意味があるというものである。そんなにたいしたものじゃない。たいしたものじゃないけど、あきれるほど的をはずしてもいないと思うから、この時代の水準のようなものが逆に浮かび出てくるんじゃないかと思っている。つまり、〈私小説的建築計画学〉なのである。

じつは「山川山荘」の前にもうひとつ、洋服屋さんの小さなアトリエ（三平邸、一九七六年）をつくった。とにかくはじめてのことばかりで、なんにも知らないままつくった建物である。だいたい私は大学院を出たあと、すぐ原研究室に行って、そのまま事務所だあ、と勝手にひとりで始めてしまったものだから実務経験がなんにもない。恐ろしいことにそれで設計してしまったのである。だから、このアトリエには断熱材が入っていない。知らなかったのである。外壁や屋根に断熱材を入れるということすら知らなかった。ほかは推して知るべしで、さいわいこのアトリエは取り壊されていまはない。断熱材が入っていないなんてことは論外だけれども、これだけでも、当時の私の建築観のようなものがわかろうというものである。

実務経験なんて、と思っていた。そんなものいくら積んだところでしょせん行き着くところは知れている。建築の中心的課題とは無関係なものじゃないかという気分だった。建築は具体的なものとしてある以前に、まず思考の対象としてあった。ちょうど原研究室の第一回目の集落調査（一九七二年）から帰ってきたばかりということもあって、平面図にあらわれるような空間の配列だと思っていたのである。どうも私の頭のなかでは徹底的に抽象化されていたらしいのである。

ちょっと自慢話をすると、プリミティブな住居の平面図を見れば、その住居がどんな集合の仕方をしているのか私はかなりの精度で当てることができる。どんな集落で、それがどんな秩序でできあがっているかがわかるのである。それほどプリミティブな住居が厳密にできているということでもあるのだが、じつはその厳密さを計るにはちょっとしたテクニックが必要なのである。私たちの側の見方だけで見ようとすると、あるところから先、住居も集落も支離滅裂に見える。どんな秩序でできているのか、わけがわからなくなるのである。あるところというのは私たちの住居との単純比較で理解できるところ、といった程度の意味である。ところがこれがなかなか抜けられない。どうしても用途で見る。空間の配列は用途によって決められる、という私たちの先入観をなかなかこえられないのである。

それをこえたような気がしたのだ。

空間の配列を決めているのは用途ではない。そういう人々の行為に単純に対応するような〈用途〉などといった概念ではけっしてない。そこまではすぐわかる。行ってみれば誰でもわかる。だって便所がない、風呂はもちろんない、ときには台所もない。それは住居なのか、それとも住居によく似た別の何ものかなのか。もし住居だとしたらどこまでが一軒の家なのか。きっと誰だって混乱する。用途に応じた部屋の配列という見方で見るかぎり、住居は例外だらけなのである。

行為に対応した用途ではない。行為ではなく、行為の仕方のようなものなんじゃないかと考えたのである。行為の仕方というのは、つまり立居ふるまいのことである。作法のようなものと言ってもいい。建築的空間というのはなによりもまず、この立居ふるまいのための道具立てとしてある、というわけである。

こう考えたら、とたんにプリミティブな住居や集落がわかりやすくなった。あれほど例外だらけだったものが、あっという間に整理されてしまったのである。厳密さを見たと思った。用途の配列などではなく、ふるまい方に応じ、ふるまい方を指示するように配列されているのだ。空間の配列というのはそういうことなのだ。私はもう確信したのである。

そう考えるといろいろと見えてくるものがある。戦後の日本の住居に対する考え方というのも、そうしたふるまい方や作法という規範が様式化してガチガチに固まってしまっていたものを一挙にかなぐり捨てた結果なのだなあ。でも、理念としてはわかるけど、論理としてはいかにも大雑把だなあ、などということもわかってきた。つまり用途によってではなく、規範によって空間が配列されているということを認めることとなのだと思う。ふるまい方は、配列された空間によって決定的に拘束されている。そういう意味での空間の配列なのである。だから、その空間の配列には徹底的にこだわった。プリミティブな住居だって、むかしの住居だって、いまの時代の住居だって基本的な図式はどこも変わらない。そしてその配列は平面図によって確認できるはずなのだ。それこそ中心的な課題だと思いこんでいたのである。そこさえ表現できればいい。実務経験なんてなんだそんなものは、って気分だった。

それともうひとつ理由がある。当時の、というのは七〇年代の、私が雑誌で見ていいなと思う住宅はどれもどこか不思議に抽象的だった。図式を見るような感じなのである。図式というよりイメージを見る、と言ったほうが当たっているような気もするのだけれども、実際にその建築を体験するんじゃなくて、頭のなかでイメージを組み立てて、その組み立てられたものを見ているといった感じなのである。

たとえばただ真っ白な空間だったり、斜めの壁が切断していたり、スリットだけで構成されていたり、階段だけが広々とした部屋の中心に置かれていたり、列柱だったり、シンメトリーだったりというように、イメージというのかゲシュタルトとしてじつにわかりやすいのである。抽象的なのである。その抽象性を貫徹するためだったと思うのだが、白い壁はなんの見切り材もなく天井とつながっていたし、幅木もつけたくない気分だったんじゃないかと思う。全体としてディテールがまったくないのである。素材感もゼロ。スチレンペーパーでつくる模型みたいだった。

林昌二がさすがに実務経験のない実物大模型製作者め、と正当に罵倒していたから、実務経験があったって考え方の訓練を積んでいなかったら同じことじゃないかと非正当に反撃したりした。平面図という図、ゲシュタルトのような像が建築だった。建築は何よりも抽象的な思考の対象であり、その結果だと思っていたものだから、実務経験のないことなどなんとも思っていなかったのである。最初の経験ですっかりこりたとはいっても、ひるむどころか徹底して空間の配列だけに私は入れこんでいった。

＊

「山川山荘」（図1および写真1）は別荘である。つまり、はじめから隔離された住居である。

写真1　山川山荘（1977年）

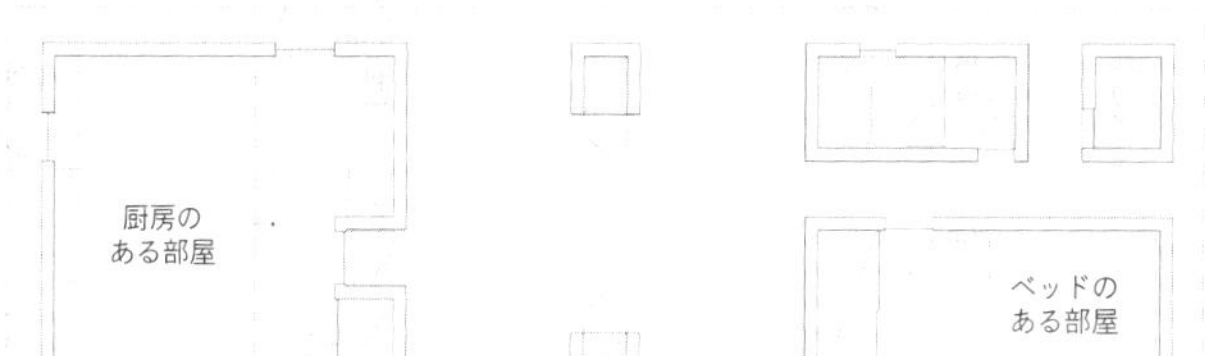

図1　同、平面図

空間の配列が規範とか集団の秩序とかいったものによって決定されるなら、あるいは逆でもいい、住居という空間の配列が規範の再生産装置であるなら、その配列はおそらくふたつの要因によって決定されている。家族という集団のその内側の秩序と、その外側にある秩序とはたぶん別ものなのである。そのふたつの秩序の相互隔離装置が住居なのである。だとすれば、相互隔離装置がうまく稼働するように空間の配列は決められているはずである。猛烈に単純化して言うとそんなことになる。そう考えた。だから、はなから隔離された別荘のような建物はすでに住居として、つまり異なる秩序の相互隔離装置として働く必要がまったくないように思えるのである。空間の配列の根拠がない。だから、どんなふうに並んでいてもいい。ただ用途に応じた部屋だけがあればいいというわけである。

たまたま施主の山川さんからは広いテラスがほしいという注文があったものだから、その広いテラスの上に用途に応じた部屋をバラバラにぶんまいてしまったのである。それを大きな切妻屋根が覆っている。それもディテールを全部くるんでしまったような、なんとも厚ぼったい無愛想な屋根である。平面図に対するこだわりといい、無愛想なディテールといい、建築は具体的なものとしてある前に抽象的な思考対象としてあった。当時の私はそう思いこんでいた。

だいたいこのころつくっていた建築はみんなそんな感じだった。「新藤邸」（一九七七年）も「窪田邸」（一九七八年、写真2）も「石井邸」（一九七八年、写真3）も、空間の配列とわかりやすいイメージだけが重要だった。そのちょっと後につくった「山本邸」（一九七八年、図2）あたりまで

写真2（上） 窪田邸（1978年）
写真3（下） 石井邸（1978年）

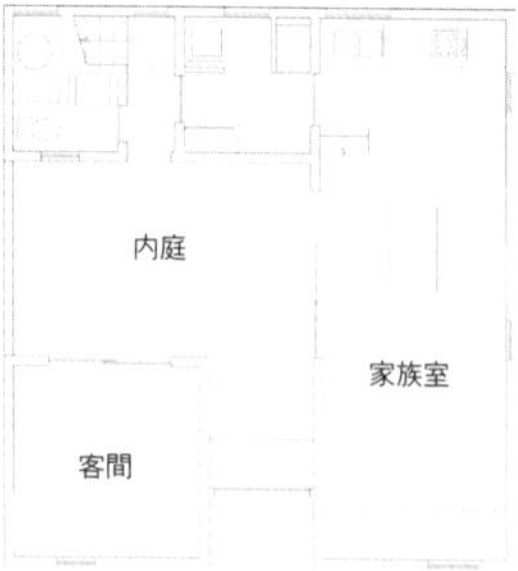

図2　山本邸（1978年）平面図

一気呵成に同じ方法でやりとおしてきた。ただ私自身としては、そうした方法が決定的な欠陥をもっていることをどこかぼんやりとだけど自覚していた。形に関してはまったく無防備なのである。空間の配列に関しては厳密さを多少は保ってきたような気もするし、平面図の読み方に関しても駄文を書いてきた。でも、形に関しては突然にやってくる感じなのである。何か手続きがあって形に近づいてゆくというのではなく、ああでもないこうでもないとぐずぐずやってるうちに、ある日突然像を結ぶ感じなのである。

　考えてみればあたりまえの話だ。制度に拘束された空間の配列などと言ってみたところで、それはたんに観察のための視点として有効であるにすぎない。考え方を整理するためにも、あるいは状況認識のためにも私にとってはどんなに強力な武器であったとしても、かたちに近づく理論とは無縁であった。だから、形はいつもアドリブ的に決まった。作品ごとに素材もかたちもころころ変わった。あまりの一貫性のなさにあきれかえった渡辺豊和からは、精神が分裂していると言われたり、あるいは三宅理一からは、なんで形の話から遠く隔たった話ばっかりするんだと問い詰められたり、こいつはまずいなあと、じつのところ思っていたのである。

「表現の論理」と「観察の論理」とはまったく別ものなのだと言い張っていたのだけれども、そ

図3　S邸（1981年）立面図

うした言い訳がすでに手の施しようもないほど破綻しているのが、実感としてわかっていたからである。

＊

「S邸」（一九八一年、図3）という二世代住居をつくった。竣工したのが八一年である。一気呵成の「山本邸」までのちょっと後で、これほどの規模の建築ははじめてだったから張り切った。二世代住居の空間構成に関しても自信があった。うまくいくはずだった。事実、途中まではうまくいっていたのだ。空間の配列もこれはぴったり理論どおり、形に関してもまあけっこうわかりやすい像を結んでいるじゃないか。まんなかの鉄砲階段が切妻屋根の中心を通って、建物全体をまっぷたつに切断しているようなかたちだった。うまくできた。完成するまで私は疑いもしなかった。

ところがなのである。「新建築」で撮ってもらった写真を見て愕然とした。

模型でも確認した。スケッチも描いた。それでも、どうしても読みきれなかったのである。素材感覚がまるでなってない。まんなかの鉄砲階段も、模型のスケールではたしかにわかりやすくて、それなりにさまになっているように思えたのだが、実際にできてみると全面道路の引きがないためもあって、壁に挟まれたただの階段なのである。少なくとも写真ではそう見える。せっかく撮った写真を編集長の石堂さんに頼みこんでボツにしてもらった。

ひとつだけわかったことがあった。頭のなかの像はアドリブでいい。思いつきでもいい。自由自在に飛べばいい。ただ、その像がどんなにリアルに見えたって、しょせんは頭のなかで構築する像なのだ。模型になっても、スケッチをいくら描いたって、それが頭のなかの像を補完する強力な武器ではあっても、ただそれだけのものでしかないのである。そんな、誰でもはなからわかっているだろうことがようやくわかった。

頭のなかの像が現実の建築になるためには、とんでもない距離を飛びこえなくてはならないらしいのである。ずるずる地続きではないらしいのだ。あたりまえじゃないかと言われそうなのだが、でも、当時の気分のようなものを思い出してみると、私だけではなくてみんながそれぞれのやり方で気がついたんじゃないかと思う。たぶん、そのころである。微妙に変わってきたのである。誰ももう素材感のかけらもない抽象的なイメージをストレートに現実の建築に移行させるようなまねはしなくなっていた。抽象的な像ではなく、素材や架構や工法が少しずつだけれども、よく見えるようになってきたのである。八〇年から八二年ごろにかけての話だと思う。

「S邸」で多少は自覚したとはいえ、すべてが明瞭になったわけでもない。ただ、直感的に架構が重要だと考えていた。理由は単純で、いままでちゃんと考えていなかったんじゃないかということ、このころの全体の気分のようなものもあったと思う。「藤井邸」（一九八二年、写真4および図4）では、とにかく架構のことばっかり思い詰めていた。もっともシンプルな架構法を図式化された空間の配列の上に被せる、それだけ考えた。

「藤井邸」は歯科医院との兼用住宅である。その歯科医院部分をRCでつくって、その上に鉄骨造の軽い架構を載せる。結局、鉄骨造はお金の都合で木造に変わってしまったけれども、素材に関しては、まあその程度の認識しかなかった。どっちだってよかったのである。軽い架構だけにこだわった。いや、それすら怪しい。軽さにこだわったかどうか、いまはちょっと記憶がおぼろげではっきりしないのだが、RC部分とその上の架構の関係は、むしろアクロポリスの丘とその上のパルテノン神殿の関係、たかが住宅に大げさなって感じだけれども、像について考える場合は自由自在でいいのだ。つまり、自然の地形の上に載った人工的な架構のイメージだったように思う。

途中経過はどうあれ、じつはこの藤井邸ができあがってひとつだけ、あれ、と思ったことがあった。考えられるかぎり単純な架構を、と思ってつくったものが、どういうわけか和風に見えるのである。別に瓦屋根があるわけでもないし、障子があるわけでもない。それでも和風に見える。単純な木造のフレームだけで和風に見えるのである。何かいままでのわだかまりのようなものが、

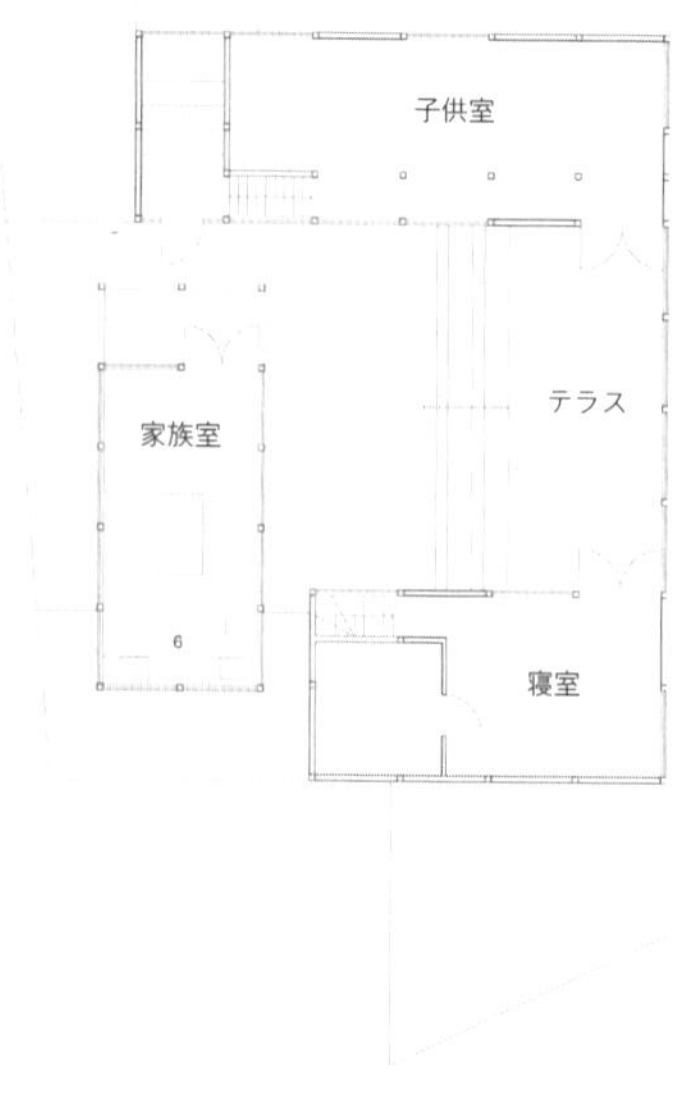

写真4　藤井邸（1982年）、テラスから家族室を見る
図4　同、平面図

一気に解けたような気がしたのである。

そのときの気分を、次のように書いたことがある。

（和風に見えるのは）この木造フレームだけによっているはずである。木造の柱梁構造、ただそれだけで和風の喩になっているらしいのである。

もっと言ってしまえば、木という素材によっていると思うのである。

たとえば、木という素材による架構法をちょっと思い浮かべてみる。なにも柱梁構造だけに限らない。校倉のような組積造もあれば、トラス構造もある。あるいはパネルによる壁構造も考えられる。こうしたさまざまな構法のなかでも、柱梁構造だけが特別な位置を占めていると考えるのは私だけではないと思う。木造と柱梁構造とはどこかストレートに結びつくところがあるように思えるのである。これはけっして木という素材の力学的な特性によっているわけではない。

木造がストレートに柱梁構造に結びつくのは、木の性能によるのではなく、私たちの〈記憶〉によっているのではないかと、私としては言いたいのである。木というものが担ってきた歴史性によっているのではないかということである。

木という素材に埋めこまれた〈記憶〉がある。それを歴史性と呼んだのだが、その歴史性が柱梁構造を特別な架構法として選ばせているのである。つまり、木という素材に対する歴史的に積み重ねてきた解釈の結果が柱梁構造なのである。私たちが長い時間をかけて育んできた木という素材に対する解釈、それが先に述べた「素材感覚」というものではないかと思うのである。

だから「藤井邸」の架構が、まったく抽象的な木造のフレームでありたいと思っても、木造と柱梁構造との組み合わせそのものが、ほとんど直喩のように「和風」を思い起こさせるのである。木造に埋めこまれた私たちの〈記憶〉を、柱梁という架構法が強く刺激するからである。

（『現代建築——空間と方法』同朋舎出版、一九八六年）

素材には技術という記憶が埋めこまれているらしい。なんだかあたりまえの話をしていて気が引けるのだが、ただ私にとってはこれは重要な発見だった。いままでの、どこかつながらないでいた糸がぴったりつながったような感じだったのである。

何がつながったかというと、観察することと表現すること、これはどうしようもないほど無関係じゃないかと思っていたものが、どこかでつなげられそうな気がしてきたのである。「表現の論理」と「観察の論理」とはまったく別ものなのだ、などと逃げまくらないで、どこかに接点を見つけられるんじゃないか。素材というものの解釈が「表現」に接近するための切り口になりそうに思えたのである。

だいたい表現について何か語ることを躊躇するのは、それがたんに私個人の思い入れの羅列とどう違うのか、違うという保証はどこにあるのか、それがよくわからなかったからなのである。ただその一点によっている。

私の表現に対する思い入れは、どんなかたちで「私」をこえることができるのか。多少でも普遍性を獲得しうる可能性があるものなのか、あるいは「私」の内部だけに封じこめられるものなのか。表現に対する語り口は「私」にのみ固有の思い入れ、つまり「私」の固有性をどうこえることができるのか。その部分を突破しないかぎり、どんな表現に対する語り口も「私」以外の人々にはまったく効力をもたないと思えるからなのである。つまり、私の表現はどう共感されるのか。その仕組みはどうなっているのか。そこを明瞭にしないかぎり表現については何も語りえないはずなのである。

その手がかりが素材であるような気がしたのである。力学的な性能をもったたんなる手段としての素材でなく、「技術という記憶が埋めこまれた素材」である。

＊

素材に埋めこまれた記憶は、ひとつの表現様式の記憶である。そしてそれは共有された記憶であり、あらかじめ共感された表現様式である。その総体を素材感というように呼ぶのだと思うのである。

私だけの思いつき、あるいは思い入れのようなものがなぜ他の人々にも共感されるのか。手がかりはここにあるはずである。誤解を恐れずに言ってしまえば、「私」の表現はあらかじめ共感された、つまり肯定的に組み上げられた記憶としての表現様式との距離のとり方で決断されるのではないだろうか。木造であるとすれば、柱梁構造の架構という共有された記憶との密着の仕方になにかしら始末をつけようとするかたちで「私」の表現は決断されるのではないかと思う。そう思えるのである。

もし、そうだとすれば「私」の表現は「私」にのみ固有の、「私」にのみ内在する感性だけによって呼び起こされるのではなくて、共有された記憶＝歴史性に関わることですでに「私」以外の他者の感性に関わることが前提されている。それは「私」の感性であると同時に、他者と共有する「記憶された感性」である。

いまのところこれ以上のことは何もわかっていないのだけれども、「藤井邸」の単純素朴木造フレームがあっという間に和風に変身したのを実感したおかげで、少なくとも素材に関しては少しは気を配るようになった。ただそれも怪しいもので、このすぐ後に手がけた「新倉邸」（一九八三年）「佐藤邸」（一九八四年）などを見ると、素材に関してもどこかふらふらしているところがあるから、気を配るといったって、いまこうして整理しているほどに明瞭になっていたわけではない。ただ、ちょっと気になってきた、という程度の話である。

＊

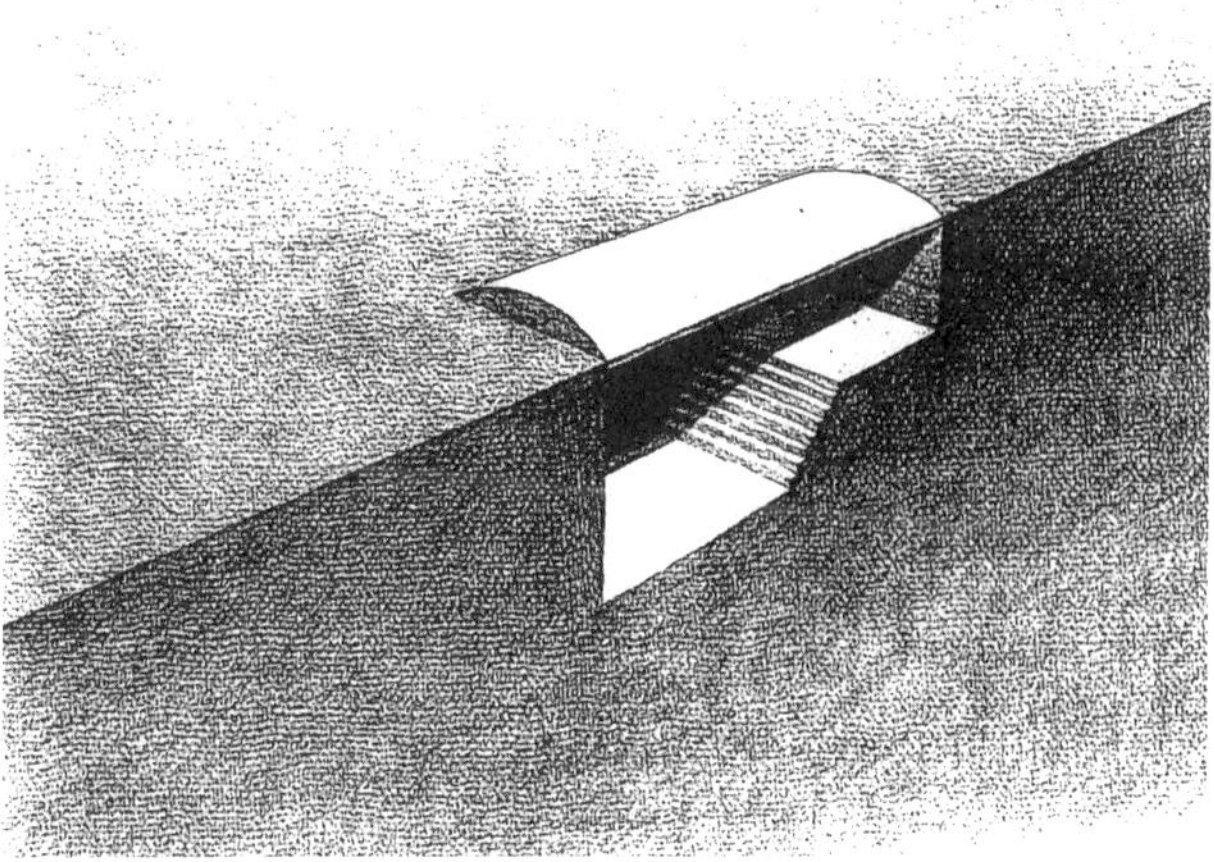

図5　新倉邸（1983年）

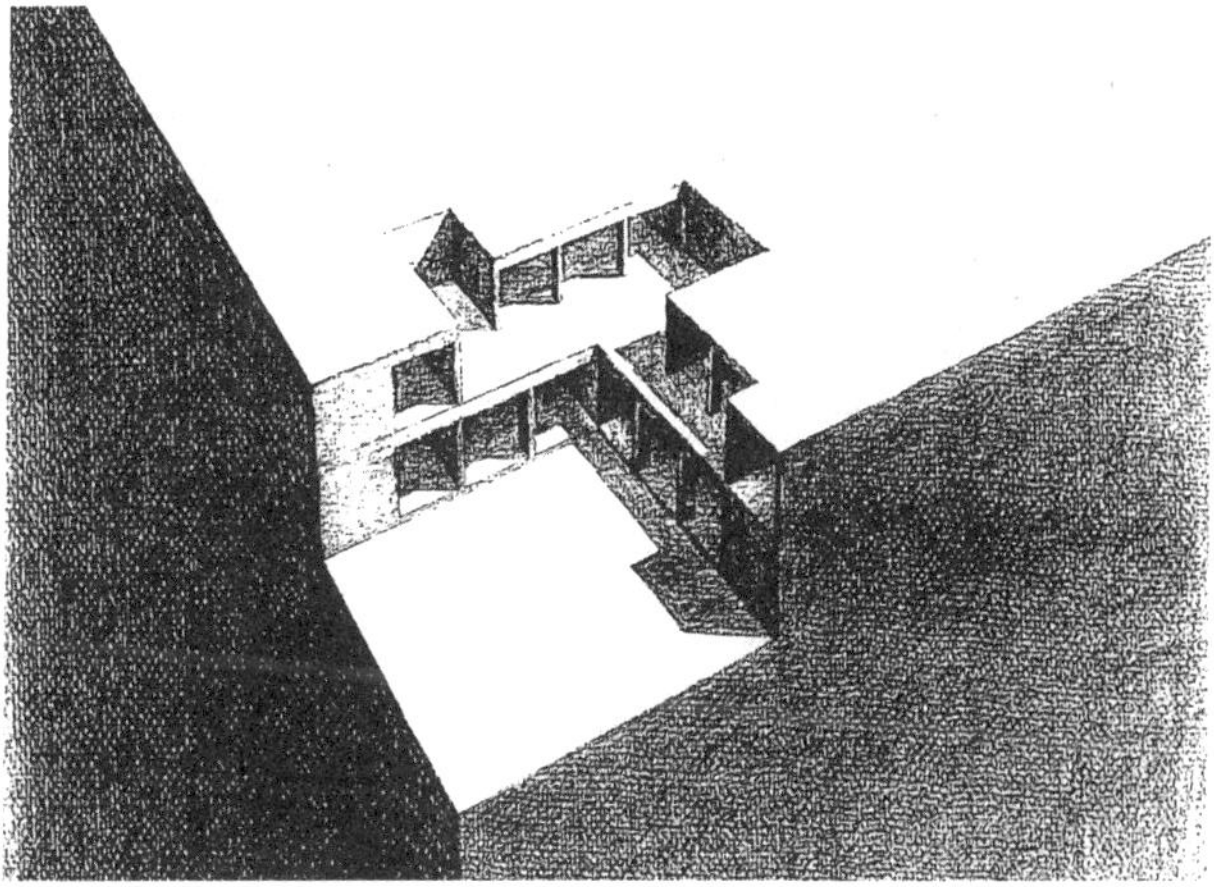

図6　佐藤邸（1984年）

素材という話とは全然違う話なのだが、「新倉邸」（図5）と「佐藤邸」（図6）はちょっとおもしろい対比になっている。ほぼ同じ時期に計画を進めていたこともあって、じつはどこか似たようなところがある建築だと思っていた。家族構成は違うけれど、スケールもコンクリートの素材も、あるいは分棟式の部屋の配置もよく似ている。「佐藤邸」は居間と寝室の上に子供部屋と書斎が分棟して置かれているような構成で、「新倉邸」も子供部屋が母屋から切り離されている。似ているけれども、ひとつだけ違っているところがあった。

「新倉邸」には分棟している各部屋を覆うように巨大な屋根が架かっているのに対して、「佐藤邸」は裸である。まさに裸というのが当たっている。屋根があるかないかだけで、「佐藤邸」のほうはどうもピタッとした感じにならないのである。たぶん、全体の構成だけを比較したら「佐藤邸」のほうがはるかに厳密にできている。施主の佐藤さんが比較文化の研究者で、平面図でものを考える専門家みたいな人だったせいもあって、空間の配列に関してはほとんど徹底的に話しあった。一階の基壇の上に子供部屋と書斎、そしておばあさんの部屋が分棟して配置されているかたちも、構成としてじつに明快だと思う。

ところが、大屋根が被っているのとそうでないのとは建築の見え方がまるで違う。屋根があるほうが、はるかに秩序立って見えるのである。その屋根の下の構成が明快かどうかとは無関係に、屋根の力だけで秩序らしいものを感じさせるのである。

大きい屋根を分棟した諸部屋の上に被せるという手法は、いままでにも「山川山荘」や「山本邸」でやってはきたけれども、秩序立てるなんていう自覚はあまりなかった。たんにシェルターとしてしか考えていなかったように思う。不思議な力があるんだなあと気がついたのは、やはりこの「新倉邸」が最初だったんじゃないかと思う。

屋根に関しては「駒ヶ根」のコンペ（文化公園、一九八四年）で派手に使った。諸施設はぼこぼこと丘のように敷地一帯にふりまいて、その丘のような諸施設の上に諸施設とは無関係に透明な薄いヴォールト屋根の繰り返しが漂っているような案だった。こうしたやり方はこのときがはじめてだったのだが、これがじつに具合がいい。

まず、丘にあたる部分は、人が施設の上のほうまでどんどん登っていけるようにつくる。こうすると、ただ地形のようにつくっていけばいいわけだから、あまりデザイン、デザインとやらなくてもすむ。空間の配列だけを明瞭にすればいいのである。こういうのは、私はわりにうまくやれる。屋根に関しても同じで、こっちは機能とはまったく関係がないから、ただふわふわつくってやる。建築のデザインが機能からまったく切り離されたような気分で、私はこれにすっかり味をしめてしまった。この「駒ヶ根」以来、いろいろな意味での肩の荷が下りたような、ちょっと気楽な気分になった。拘束しているものを払拭したというより、それをとりあえず棚上げにする方法を見つけたって感じではあるけれども、厳密な空間の配列と、その厳密さに見合うような像を、という脅迫からは、つまり抽象的な図像の脅迫からはほんの少し抜けだせたような気分だったのである。

まず、地形とそれと無関係な屋根の組み合わせ。屋根が機能からまったく解放されているのがいい。屋根自体に空間を秩序づける力があるのがわかっているから、ときに下の地形と関係づけて空間の配列を補完するようにつくることもできるし、あるいはまったく無関係につくることもできる。操作が自在なのだ。それと、屋根を支える支柱を鉄骨造でやると、これがまた自由な素材なのである。自由というのは、石とか木造とかに比べて自由だという意味である。つまり、記憶の層が浅いような気がするのである。たとえば木に対する素材感には、さっき和風についてしゃべったようにいままでの私たちの歴史のすべてが付着している。深い記憶とともにあるはずなのである。石だってそうだ。西欧の長い歴史、深い記憶から自由であるはずがない。私はコンクリートでつくるときですら、どうも石の記憶が気になってしかたがないくらいなのである。

鉄には記憶がない。ないというと言いすぎだけども、少なくとも記憶の層が浅い。たかだか百年ちょっとの記憶しかないのである。だから、鉄骨に対する記憶はつねに固有名詞といっしょにある。ミースの解釈した鉄骨であり、ヴィオレ・ル・デュクの解釈した鉄骨である。木造と和風が深く結びつくように、鉄骨一般と鉄骨の架構とが一対一で結びつくような、そんな記憶があるわけではないのである。つまり、自由だという意味は、私の素材解釈が歴史に脅迫されないという意味で自由なのである。

この「駒ヶ根」の後から私の方法は、それまでに比べれば少しは一貫したところが出てきたんじゃないかと思う。

最初に鉄骨の軽いヴォールト屋根のモチーフを使ったのは「ESSESギャラリー」（一九八四年）というインテリアの仕事だった。スチールパイプの太さがどんな見えがかりになるのかさっぱりわからなくて、ちょっと参った。細くしすぎてあんまり迫力がない。この軽いヴォールト屋根をそのまま使ったのが、「K邸」（一九八五年、写真5）である。ポリカーボネイトの屋根は建物に密着しすぎて、ただのテラスの雨除けにしか見えない。屋根がその下にある空間を秩序づけるなんて、そんな見え方がまだ十分じゃないのである。鉄骨のディテールが優先して、こっちももうひとつ自覚がないものだから「気楽な気分」だけがやけに目につく、ちょっと軽い建築になった。屋根の下は気のきいた物干し場程度がいいとこである。そんなものにしか見えない。

写真5　K邸（1985年）

だから、実際の建築で屋根が機能から切り離されて、ただ空中に浮かんでいるような見えがかりになったのは、「GAZEBO」（一九八六年、写真6）からである。おもしろいことにただ機能から切り離されるというたったそれだけのことで、とたんに屋根が違うものに見えてくる。むしろ意味ありげに見えるのである。その下にある空間との関係が逆によく見えてくるような感じなのである。屋根というただの覆いがそれだけで空間を秩序立てる力がある、というのは確かなことらしいのだ。秩序というのは、単純にその屋根の下の空間を「ひとつのもの」

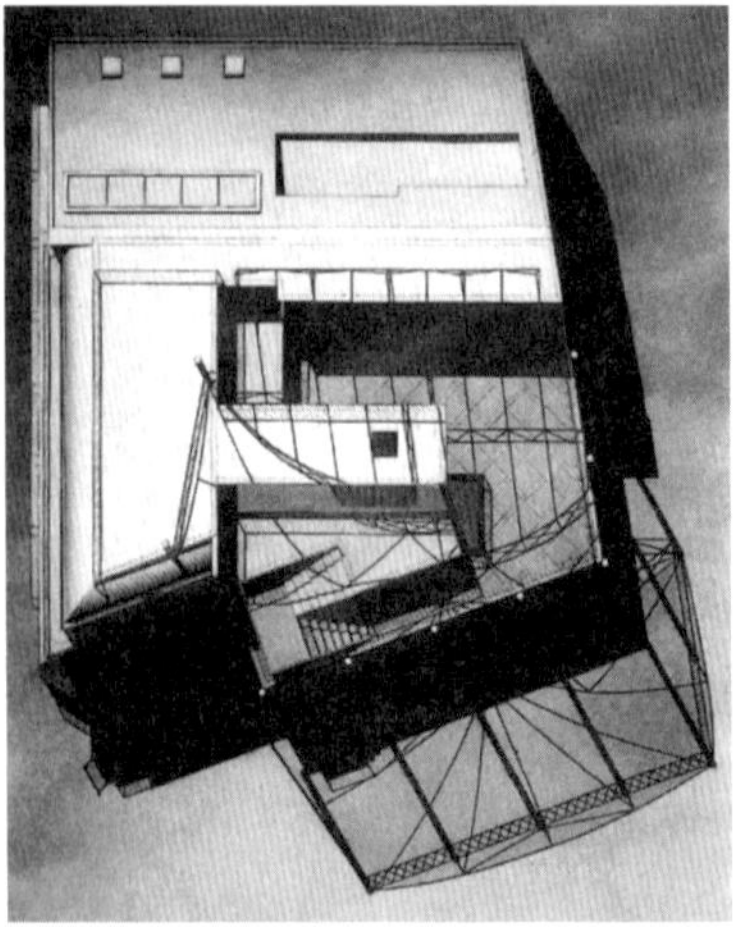

写真6　GAZEBO（1986年）
図7　ROTUNDA（1987年）

としてまとめあげている、といった程度の意味である。その屋根の下にどんなにばらばらに無関係な機能が詰めこまれていても、あるいはさまざまなかたちが散在していても、それらを一挙に秩序立てて「ひとつのもの」にまとめあげてしまう。たったひとつの屋根という覆いが、である。

機能とはまったく関係のない覆い〈屋根〉だけをつくった。「ROTUNDA」(一九八七年、図7)の屋根は「GAZEBO」よりも、もっとはるかに高いところに舞い上がっていって、秩序だけを指示する一種の指示装置のようについになってしまった。

この機能から離れるという気分は何も屋根だけじゃなくて、なんだっていい。もともと私にはそういうちょっとずれたところがあるらしくて、むかしやった沖縄の名護(市庁舎)のコンペ(一九七八年)では、実際の施設は全部地中に埋めて、地上にはトップライトだけが見えている。薄い壁のように見えるトップライトのデザインだけがんばればいいという感じのやり方で、建築そのもののデザインはできるだけしない。建築じゃなくて、違うことをやっているような気分なのである。

「フジ井画廊モダーン」(一九八七年)の、直接画廊とはなんの関係もないベンチも、「マルフジ小作店」(一九八七年)のメッシュの天蓋も、あるいは「横浜博覧会」の四十二本の塔(高島町ゲート協会施設、一九八九年)も機能からはまったく解放されている。シェルターとしての建築、機能に応じる建築、こういう建築からはずんずんと離れていくような感じがして、これがいったいどういうことなのか、自分でもよく整理できないままにやっているようなところがある。

クリストとの対談（「日常的風景の覚醒に向けて」、「建築文化」一九八八年八月号）の解題にも書いた〈異形〉ということなのかな、と思う。「視る」という特異な視線を獲得するための〈異形〉である。でも、それだってもうひとつの秩序だという話もある。「視る」という視線が、そもそも秩序を前提としている。ある秩序のなかでしか「視る」という視線は成り立たないはずなのだ。視るという視線は、何ものかを判断しようとする視線である。そして何ものかは、ある秩序をもった構図のなかでしか判断しえないはずなのである。「視る」という視線が構図をつくる。秩序をつくるのである。機能やシェルターとして架構を視る、というのもひとつの構図、秩序を前提としている。機能として、あるいはシェルターとして世界は秩序づけられているという構図があらかじめあるはずなのだ。逆に言ったほうがいい。世界は機能によって、あるいはシェルターによって秩序づけられているという構図を、機能やシェルターとして建築を見るという視線がつくりだしてきたのである。

そう思う。だから〈異形〉とかなんとか言ったところで、しょせんは秩序をもった構図に拘束されている。そんなものだと思いながらやっている。

だから、今回の「HAMLET」（図8、写真7）も、まあ、そんなものである。

そんなもの、なんだけれども、こっちも少しは〈屋根〉の効果なり鉄骨の納まりなり、扱い方がわかってきた。屋根にしろ鉄骨にしろ、だんだん規模が大きくなってはきても、三度目である。三度やれば少しはわかる。それと「HAMLET」の場合は、ここに住む人たちの住み方がいま

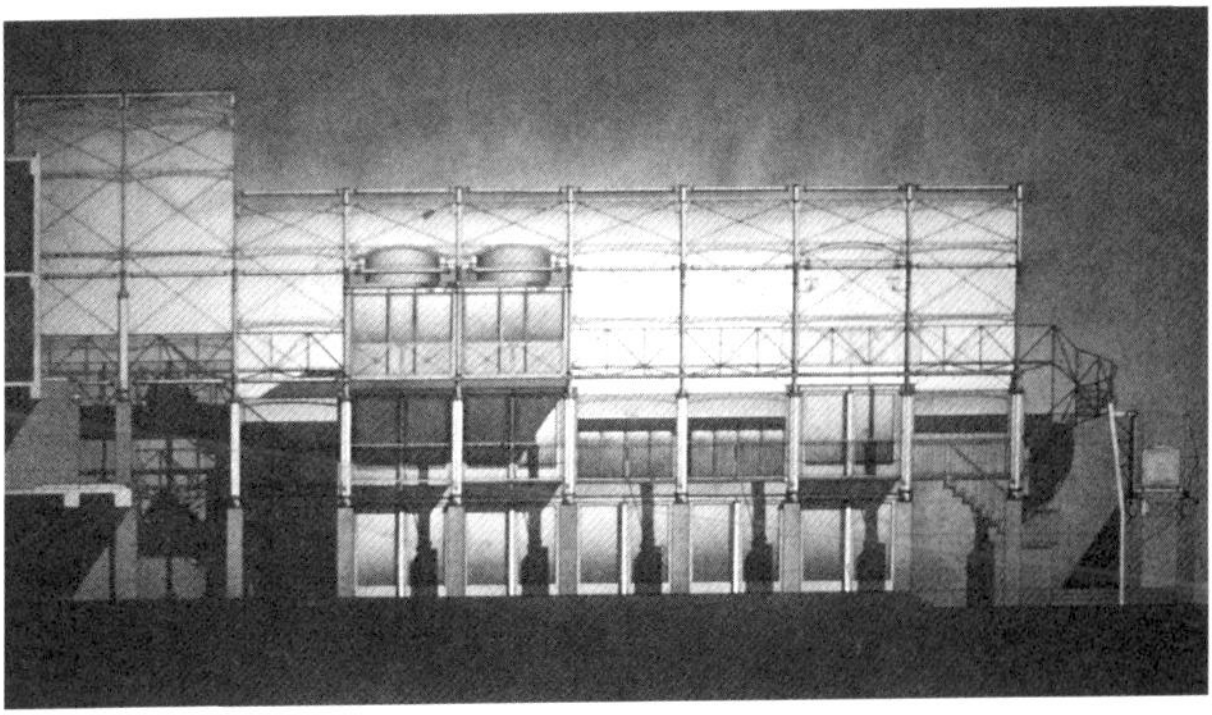

図8　HAMLET（1988年）

やきわめて特異だと言っていいような住み方で、この特異な住み方に依存して空間の配列が決められている。彼らの住み方を図式化するだけで、それだけで空間の配列がほとんど自動的に決められたような感じなのである。特異だというのは、要するに大家族的な住み方なのである。両親とすでに世帯をもっている子供たちが同居する住居である。

ただ、私に言わせれば、いまの核家族的な住み方のほうがはるかに特異で、いろいろと猥雑な思い入れだとか倫理感だとかが付着しているぶんだけ、モデル的に解読するのがむずかしい。「HAMLET」のほうが図式のレベルでは、むしろ解読するのが簡単なのである。それに、こんなたぐいの住居ばっかり世界中まわって見ていた時期があったものだから、こういうのは私はわりに得意なのだ。

四世帯の住居は、一応各層で分割されている。一階にはそれぞれ独立住居のように分棟している両親の世帯と

次ページ・**写真7**　HAMLET

次男の世帯がある。二階が長女の世帯、三階と四階が長男の世帯である。ただ、子供部屋だけは各層に属してはいても、それぞれの家族とは離れて配置されている。長男家族の子供部屋と長女家族の子供部屋とが独立して、そして上下に積み重なって、子供部屋塔のようなものをつくっているのである。

つまり、各層で見ると、四つの世帯に厳密に分かれているのだけれど、道路の入口方向から見ると、まずサロンと呼んでいる共有の場所と共有のテラスがある。四世帯共有の居間みたいなものである。その奥に子供部屋塔、これもみんなの子供部屋塔のように見える。そしてそのまた奥へ行くと、ここではじめて各世帯の家族室や寝室に分かれているといった構成になっている。要するに入口から奥へという方向で見ると、ひとつの大家族住居のように見え、各層で見ると四世帯の集合住居のように見える、というじつに微妙な構成になっているのである。

この微妙な空間の配列を、〈屋根〉が一挙に秩序づけているのである。この屋根のために、屋根の下のすべての空きも隙間も、浮遊しているような箱も、地形のような居住部分もすべてが関連しているように見えるのではないかと思う。微妙な空間の配列を「ひとつの建築」にしているのは、ただひとえにこの〈屋根〉の効力によってなのである。

＊

「ＧＡＺＥＢＯ」からこの「ＨＡＭＬＥＴ」まで似たような素材、似たようなやり方をやって、少しはこつのようなものがわかった気もする。頭のなかの像から、なまなましい建築のところへ飛びこえる、その飛び方のこつである。誰だって知っていることをいまごろになって知ったという感じで、どうもいつも人より五十歩も百歩も遅れる。

「ＨＡＭＬＥＴ」を見ても、こつがわかったにしてはまだ多少図式的なのだ。

五十歩ぐらい遅れるのも、まだどこか図式的なのも、自分ではよくわかっている。でも最低限、自分で考えてきたという自負も少しある。そのために図式的になるなら、それに多少遅れる程度ですむなら、これからもたぶん自前の論理でやりくりしていくんじゃないかと思う。

（1988.8）

破産都市

最近、西ベルリンのサマーアカデミーという、夏休みのあいだだけの建築学校で教える機会があった。ベルリンの建築家五人と外国から私を含めて六人の建築家が、ヨーロッパの各地から集まってくる百人ほどの学生たちといっしょに、ほぼ六週間ほど缶詰めのような状態で共同作業をするのである。十一人の建築家がそれぞれスタジオをもつようなかたちで七、八人の学生を受け持つ。最終的にはひとつの課題に対して十一の解答が出ることになるわけである。

ところでその課題なのだが、日本の大学の建築学科の課題とはちょっと違っていて、地域計画とでもいうのだろうか、きわめて現実的な課題なのである。

ベルリンの中心地に近い、距離にして二・五キロほどの道路に沿った地域の再開発なのだが、もともとは十七世紀から十八世紀にかけて計画された道路で、道路といい、その道路に沿って道路のスケールにぴったり見合うように計画された集合住宅といい、じつに厳格にできあがっていた。道路が都市全体に対してどんな役割を果たしているかということも、あるいはその道路と建物との関係にしてもまったく過不足がないように収まっていたはずなのである。それが第二次大戦の爆撃や東西ベルリンの分断によって道路の性格がすっかり変わってしまったというのである。つまり、十九世紀までにほぼ完璧にできあがっていた居住システムそのものが危うくなってきているんだというわけである。もともとはそこに住んで生活している人々の居住システムと密接に関わり、それを育んでいくような道路だった。それが例の壁のために交通網がズタズタにされて、ここの道路も、もうまったく生活と関わりのないものになってしまった。高速道路のような通過交通路になってしまったという話なのである。それと爆撃で破壊された集合住宅が六〇年代になって建てなおされた。そのバウハウス的な計画もいまの劣悪な環境の原因のひとつになっている。そういいまや大問題を抱えた道路沿いの地域をどうやったらふたたびかつてのようにそこに住む人々の手に取り戻すことができるのだろうか、これが私たちへの問いかけだった。

東京もベルリンも基本的には同じような問題を抱えているんだなあ、だいたい世界の大都市は似たりよったりの問題を抱えているはずなんだ。と話だけを聞いたときにはそう思った。

たしかにそうだ。基本的な問題は何も変わらない。でも、基本的にはというだけで、その中身は全然違う。驚くほど違う。その問題の道路に行ってみて、正直驚いたというより、自分の勘違いに大笑いしてしまった。東京の環状七号線や国道一号線のような大規模な通過交通路だと勝手に思いこんでいたのである。

「これ、日本だったら高級住宅街だよ」。大量の通過交通と言ったって、ほとんど渋滞なんかしない。トラックが猛烈な勢いで走っているわけでもない。道路のまんなかに建っている教会はいまでもその役割を立派に果たしているし、南北に長い道路の南側半分は戦禍を免れていて、広いコートヤードに豊かな緑を抱えた集合住宅が、ロココ風だかバロック風だかのファサードを見せて並んでいる。北側の六〇年代に建てられたものだって、たしかに南側の街並みに比べれば、多少見劣りはするけれども劣悪というほどじゃない。

この大問題を抱えていると彼らが言う美しい街並みを見ながら、そして自分の勘違いに愕然としながら、なんだか情けなくなってきた。ベルリンと比べるまでもなく前からひどいとは思っていたけど、とくに最近の東京はひどすぎる。人の住むところじゃない。いや、何か意図的な力が働いていて、無理やり人が住めないところにしているとしか思えない。それほどひどい東京のことが無性に情けなくなってきたのである。

彼らと私たちとは決定的な違いがある。危機感に対する違いである。危うくなりそうだということと、すでに危ういということとが彼らの場合には密着しているというのか、このままいけば将来危うくなりそうなことは、すでに現在的な危機なのだ。それに対して私たちの場合には、現在の危機的状況だけが危機のすべてなのである。将来の危うさは危機のうちに入らない。現在的な破綻を糊塗するようにしかあらゆる計画が稼働しないのである。だから私も間違えた。ベルリンが現在的な危機のまっただなかにあると勘違いしたのである。将来の危機に対処するための計画といったような考え方がすっぽりと抜け落ちていたのである。

この美しい街並みをつくりだしている道路が通過交通路に変質することで、どんな危機的状況が待ち受けているかを彼らは知っているのだ。彼らはまだ間に合う。でも、誰でもとっくに気がついていて、言わないだけなんだと思うのだが、もうたぶん手後れなんじゃないのか。東京はすでに破産しているように見える。地価の異常さなどという以前の問題なのだ。

住むための場所を都市は本来その内側に含んでいる。とどまって住むことと、それ以外の都市のさまざまな流動性、浮遊性のようなものとがたくみにバランスするようなシステムを本来、都市はもっているものなのだ。そのバランスのさせ方が都市の特徴のようなものをつくりだしていると言ってもいい。都市が破産しているというのは、そのシステムが破産しているということである。少なくとも、住むための場所という視点で見るかぎり、東京はとっくに破産している。住む場所が、ただ一方的に食い荒らされているのである。

＊

じつは二年ほど前から、これはひどいと思うようになってきたことがある。交通渋滞である。二十年近くも東京と横浜のあいだを車で往復しているから敏感にわかる。もうどうしようもないほど混むようになってきた。はじめは月末だからとか、週末だからとか、月曜日だからだとかいろいろと理由をくっつけて説明しようとしてきたようなのだけれども、もうそんな説明もまったく説得力がない。

渋滞のなかでほとんど毎日のように考える。こんな国って世界中にあるんだろうか。都心が渋滞するというのはわかる。どんな国へ行ったってきっと同じようなものだ。でも都心から三〇キロも四〇キロも離れたところで、都心に向から車がこんなに渋滞するなんて都市が東京以外にあるんだろうか。きっと埼玉からも千葉からも、東京へ向からあらゆる道が猛烈なラッシュになっているにちがいないのだ。それも朝とか夕方とか特別な時間帯だけじゃなくて、のべつ幕なしに。

その渋滞した車はどこへ行くのかというと抜け道に入りこむ。いまや「渋滞抜け道マップ」なんて代物まである始末で、どこを通ると渋滞した道を通らないで目的地に行くことができるかということが克明に書いてある。じつに傑作な地図なのだが笑えない。車を使う人には必需品なのだ。

車は抜け道を求めて、住宅街であろうと幅が四メートルにも満たない道であろうと、もうゴキブリの大群のように入りこんでくる。私自身、毎日抜け道を走っている。誰かの庭前のような径を通り抜け、勝手口をかすめ、幼稚園児の通園路を恐る恐る走り抜け、団地の専用道を突っ走る。いや、この道だって最近はもう渋滞しているのである。

こんな場面こそ、破産都市の典型的な場面じゃないかと思う。東京中のあらゆる道が、住居専用地域のなかの道路であろうと、どんなに狭い径であろうと、そこに住む人々のための道ではなく通過交通路になっている。およそ居住区域のまっただなかを、幼児の三輪車と運送会社のトラックとがいっしょに走っているなんて都市が東京以外にあるだろうか。

交通行政の破綻というそれだけの問題ではたぶんない。都市のなかの通過するもの、流動するすべてのものが「住む」という、とどまり停滞するものを駆逐している。それを守ろうとする真に強固な意志がないかぎり、とどまるもの停滞するものは間違いなく流動しようとするものに駆逐され排除されるはずなのだ。

ベルリンという都市が東京と似ているようで決定的に違うのがまさにその部分なのである。強固な意図、「人の住む場所は明らかに都市性と呼ばれるものとは違う原理によって組み立てられるべきだ」といった頑固なまでの意志が感じられるのだ。十九世紀に建てられたアパートを、ほとんどなんの手なおしもなしに使っている。サービスヤードだってむかしの使い方と同じようにみんなで使っている。六〇年代につくられたバウハウス的な建物よりも、いまのIBAの建築よりも、そっちのほうがはるかに優れていると断言するだけの確信があるのだ。

それを保守性と呼んだっていい。「住む」という思想、もしそれを思想と呼んでいいなら、これほど保守的な思想はないと言ったっていい。もともと「住む」という思想は都市のなかでもっとも保守的な部分を引き受けているものなのだ。

つまり、都市という流動し新しくなっていこうとするすべてのもののなかで、「住む」という概念だけがそれと矛盾するようなかたちである。もし都市の流動性や新しさのようなものが経済原則によって支えられているとするなら、「住む」という概念ほどこの経済原則からはみだすものはないと言っていいくらいなのである。都市性というものと「住む」という概念とは相互に矛盾する概念なのだ。

このベルリンの街並みが美しく保たれているのは、このあたりのことを、つまり都市という概念と「住む」という概念とが相互に矛盾する概念だということを彼らがよく知っているからであるにちがいないのだ。住むための場所は、十分にそしてきわめて注意深く都市の流動性、革新性から防御されている。何よりもそうあるべきだという理念がある。

別にこのベルリンだけにかぎらない。どんな都市であろうと、たとえそれが都市とすら呼べないようなプリミティブな住居群であろうと、この都市的な流動性から防御されていない住居群あるいは居住区のようなものはなかったはずである。日本の都市にしたってそうだ。人々の住む場所は、その住み方に応じた秩序をおのずと前提されて、はじめて人々がともに住むに耐える場所になっていたはずなのである。そしてその秩序がその居住区を固有のものとし、流動し変化しようとするものからみずからの不変性を防御してきたはずなのである。

いくつも例をあげることができる。たとえばサハラ砂漠のなかのガルダイアという都市は、居住区と商隊のための市場とがものの見事に切断されていた。大きな広場に面してアーケードの並ぶ市場は人々の喧噪やラクダやトラックなどの交通機関に応じてじつに適切にできあがっていたし、その広場から丘の上に向かって広がっている居住区は、まったく正反対に全体が狭い径によって網の目のように編まれていた。この径の隅々まで知らないと一度入ったら最後、二度と出てこられない迷路のような道路網である。この迷路が居住区を市場の喧噪や流動性のようなものから防御しているように見えるのである。

つい最近までの東京の下町にしたって、そんな多少の流動性などには、たじろがないだけの保守的といっていいような秩序がしっかりできあがっていたではないか。下町は明らかに「住む」場所だったのである。ベルリンの居住区の一種の古臭さも同じことだ。彼らは、十九世紀にはすでにできあがっていた集合住宅に十九世紀とほとんど変わらない住み方でいまも住んでいる。住み方のルールが変わっていない。

つまり、ふたつの意味で人の住む場所というのは停滞的なのである。通過し流動しようとするものに対して防御的にできている。空間そのものが通過していこうとするものを許容しないようにできあがっているということがひとつ。空間的な意味での停滞性である。そしてもうひとつは時間的な意味での停滞性である。たえず新しくなろうとする都市の革新性、あるいは刹那的と言っていいような目まぐるしさからも人の住む場所は防御されているはずなのである。空間的な流動性、時間的な革新性にけっして引きずられないだけの強固な自己保存機構を本来もっているのが住むための場所なのである。

この自己保存機構は経済原則とは関係がない。経済原則だけで都市を見ようとすれば、もっとも危うい部分ですらある。つまり、この停滞的な部分が経済原則に見合う流動性、革新性によって駆逐されるという構図を都市は不可避的にもっているのである。このたがいに他を疎外する関係を認識することである。停滞的な「人の住む場所」の自己保存機構と都市のなかの流動・流通機構とは本質的に矛盾する関係にあるということを最低限認めないかぎり、都市は果てしなく経済原則、つまり流動し新しくなろうとするものによって埋め尽くされていくはずである。

だから、東京が破産していると言ったって、それは都市のすべてを経済原則が覆い尽くそうとしたときの必然的な結果であるにすぎないのである。

業務用地として利用するか、あるいは居住用地として利用するか、その利潤の差は都内では七倍近い差があるという。千代田区の人口は五万人を割ったという。最近の新聞記事によれば、東京湾の埋立地に計画されている霞ヶ関ビル二十七棟分の高層建築に居住用の部分はごくわずかしかないというし、丸の内の容積率制限を緩和して超高層ビルを六十棟もつくるんだという勇ましい構想も、もっぱら事務所の床面積確保のためである。そこで働く人々やその家族はいったいどこに住むんだ。

経済原則が住む場所を駆逐しているのである。都市の側からの要請によってつくられる、あらゆる計画は「住む場所」を確実に駆逐するようにしか働かないのである。

＊

もし住む場所が経済原則によらないとしたら、どんな仕組みがそれを支えているのだろうか。厳密には答えられるはずもないのだけれども、手がかりは「ともに」というあたりにありそうに思う。

ただ「住む」というだけなら、人はどのようにも住むことはできる。まさに都市の流動性、絶えざる革新性に釣り合うように住むこともちろんできる。多くの建築家の側からの提案が、どうがんばったところで結局はいまの都市の状況そのものを追認するような、その程度の「住む」ことに対する提案にならざるをえないのも、じつはその提案がいまの経済原理の枠内にぴったりと収まっているからである。

多くの提案というのは、たとえばカプセル住宅のようなものだとか、あるいは都市に住む人々を「遊民」に見立ててその「遊民」のための住まいを提案するとか。そういえば最近の朝日新聞の記事に首都圏には間もなく「流民の時代」が訪れるというフレーズがあったけれども、現実の状況を何やらきらびやかなイメージで包みこんで、結果的にはただその状況を容認することにしかならないといった構図である。

「ともに」という視点を外したら、都市のなかに住むのはじつにたやすい。これからだってさまざまな可能性があるとは思う。でもそれは明らかにいままで私たちが住んできた住み方とは、一線を画すべき住み方なのだ。もっと言ってしまえば「ともに」という視点を外した住み方を「住む」とは呼ばない。そのくらい違う。

たぶん「ともに住む」住み方というのは保守的で停滞的で、現在の都市のなかにあってこれほど都市性と呼ぶもの、つまり流動性、革新性からかけ離れたものはない、むろん、経済原則に照らしたって可能性は全然ない。それでも必要なのだと思う。それも都市のまっただなかに。

いままでそうやって住んできた。そうした住み方がやはり本質的な意味での「住む」ということじゃないかと私には思える。そして都市性と呼ぶものとの切断のシステムさえ厳密にしておけば、それは十分に可能なことだと思えるのである。

何も都市の流動性、革新性にちょうど釣り合うような住み方を全面的に否定しようというわけではない。そうではなく、そうした住み方が経済原則に見合っている、現在の都市的状況に見合っているという理由だけで、一方的に「ともに住む」住み方を駆逐していくような状況にちょっと異議があると言っているのである。ほっとけばそうなる。一方的に駆逐される。もう手後れなのかもしれないのである。冒頭に述べたような、都市のすべてを通過し、新しくなろうとするものが埋め尽くしていくような状況を見るだけでそう思うのである。

＊

最近、小さな雑居ビルをつくった。国道一号線というすさまじい交通量の道路に面した雑居ビルである。ただ通過し、新しくなろうとしていくもののために住むための場所を投げ売りしてしまって、その残骸だけが見るも無残に残っているといった感じの風景なのだ。この道路はここに住んでいる人々には、どんな意味でも関係がない。役に立たない。それでもその道路に面して住んでいる。どんなふうに住んでいるかというと、多くの人たちは、いわゆる等価交換方式という方法で、民間のディベロッパーに土地の使用権と引き換えに建物を建ててもらう。だいたい形式

写真1　ROTUNDA（1987年）

は決まっていて、一階から三階くらいまでを店舗や貸事務所や貸アパートにしてその上に住むのである。住むといってもほとんどアパートの一室に詰めこまれるようにして住む。経済原則に住む場所を明け渡した結果である。

この雑居ビルもまったく形式は同じである。ただ最上階だけは明け渡さない。最上階だけは都市の側の原理によらないでつくってある。つまり、ほとんど都市的状況とは無関係に一戸建ての住居が都市的な要請によって呼び集められた一階から三階までの都市的断片の上に載っているのである。

都市という流動したえず新しくなろうとする原理によって組み立てられているものの上に、それとはまったくなんの関わりももたない一戸建ての住居が載っているわけである。

既存の都市とはいっさいの関わりをもたない。都市との関係などとは言わない。都市はもう破産している。つまり、本来都市が内包すべき「住む」ためのプログラムやそれを守るための防御機構、そうしたものが壊滅的に破壊されているという前提で、この雑居ビルの上の住居はできあがっている。

孤立無援だなあという感じもする。でももし、こんなつくり方の住居が多少でも増えたら、ひょっとしたら既存の都市という層の上に、それとは別の「住む」というもうひとつの層ができる可能性があるかもしれないなどと、いかにも建築家が考えそうな楽天的なことをほんのちょっと考えることもある。

（1988.5）

Ⅲ　『住居論』以後

建築は仮説にもとづいてできている

建築の「中身」って何？

これほど身近にあるのに、ふだんはほとんど意識しない。多くの人々にとって建築なんてせいぜいそんなものだと思う。建築が話題になることと言ったら、ゼネコンの談合の話や贈収賄の話が新聞の社会面で話題になるか、あるいはポストモダンなのかモダニズムなのかデコンストラクティビズムなのか、聞かされるほうは何がなんだかよくわからない、もっぱら建築家の個性あるいは作風として文化欄で話題になるか、どっちにしたって多くの人たちの日常の生活とは遠く離れた話である。

住宅や事務所や工場や公共施設や商業施設やさまざまな建築といつも身近に接しているのに、その建築が話題になるときはつねに身近な問題からはるかかけ離れた話にしかならない。日常接している建築を、それを建築というよりも社会的な制度の問題として私たちが考えているからだろうと思う。住宅にしても学校にしても医療施設にしても福祉施設にしても、それぞれにさまざまな問題を抱えているとしても、その問題は建築の問題ではなくて制度の問題である。住宅政策であり、教育制度であり、医療制度であり、福祉行政の問題である。建築という施設じゃなくて、もっと大切なのは中身だよ、多くの人々はたぶんそう考えていると思う。つまり、この制度的な場面には建築は登場しない。建築が多くの人々にとって縁遠いのはそのためである。建築は形の問題であって、こうした制度や政策に直接的に関わるような問題とは無縁である。どこかで意思決定された政策や、すでに制度化された関係がそのまま形に置きかえられて、それが建築だと思われているからである。

つまり、形よりも中身が大切だと多くの人たちが言うのは、その形に先立って「中身」があることを信じているからである。実際、どんな建築ができあがっても必ず言われることは、「形なんかどうだっていいのよ、中身が大切なんだから」「形ばっかりで、中身のことなんかなんにも考えてないんじゃないの」という批判である。これは必ず言われる。「形なんて中身を忠実にトレースしてゆけば自然にできるんでしょ、あとは建築家の個人的な趣味の問題でしょ。そんなことより中身をちゃんとつくってよ」なのである。建築に対する一般的な認識は、たぶんこんなところである。建築家が考えるものは単純に形の問題である、いや形の問題でしかないという多くの人々の考え方を、それは反映しているのではないかと思う。もう少し言えば、それは形が優位になって物事が決められることへの不快感である。

多くの人たちは、いまの社会の仕組みのなかで自分の住む場所について悩み、教育施設についてもうちょっとなんとかならないかと思い、福祉行政はどうなっているんだと憤慨し、医療制度はもう破綻しているんじゃないかと心配するけれども、それはいまの社会制度や行政に対する不信感である。建築はつねにその後の問題なのである。そんな大切なことを形の問題にされてはたまらない。大切なのは中身なのだというのは、たぶんそういう不快感であり、不信感である。

だけど、ほんとうにそうなのだろうか。形に先立つ「中身」のようなものがあるのだろうか。建築に先立つ「中身」をほんとうに私たちは確認することができるのだろうか。たとえば住宅という建築を思い浮かべずに家族の日常の生活を描けますか？　学校という建築を思い浮かべずに教育のシステムについて何か言うことができますか？　図書館、美術館、病院、保育園、なんだっていい。その建築に先立つ「中身」がどのようなものか、ちょっと考えてみるといいと思う。

ひとつの建築が完成するためには、その建築を要請するだけの確かな根拠があるはずだ、その建築を必要とするだけの正当な理由があるはずだ、つまり、その建築に先立つ確かな「中身」があるはずだ、という認識はたしかに私たちの日常の実感である。その建築を計画するにあたっていろいろと条件を整理したり、あるいは前例を調べたりするじゃないか、その建築を必要とする理由やさまざまな条件があってはじめて建築ができあがるわけで、その逆ではないという実感である。あるいはその建築を要請する社会的なプログラムがあって、そのプログラムに従って建築はできあがっているという確信である。

でも、ひょっとしたら、それが錯覚かもしれないのだ。確かな根拠などじつはないかもしれない。正当な理由もないのかもしれない。社会的なプログラムはじつはそんな建築など要請していないのかもしれない。あるいはそのプログラム自体が破綻しているかもしれない。

正当な理由なんかなくても建築はできてしまう

実際、確かな根拠などなくても、正当な理由などなくても、あるいは社会的なプログラムのようなものが仮に破綻していても、それでも建築はできてしまう。

確かな根拠も正当な理由もない。建築に先立ってあるものは、じつはたんなる仮説である。建築は仮説にもとづいてできているのである。ところがその仮説にもとづいてできてしまった建築が、今度は逆にその仮説を補強するように働く。できてしまった建築が当のその仮説の正当性を保証するように働くのである。

つまり、せいぜい仮説なんだから、その仮説がまったく的外れであることも当然ある。ところがそれが、いざ建築ができてしまうと不思議なことにその仮説が正当であるように見えてしまう。当の仮説がたんなる仮説ではなくて、いかにもその建築を要請する正当な根拠のように見えるのである。あるいは時間が経過して、仮説がその正当性を失ってしまうことだってある。それでも、その仮説が正当に見える。その仮説によってで﹅き﹅て﹅し﹅ま﹅っ﹅た﹅建﹅築﹅を通じてその仮説を見ているからである。よく考えるとじつに奇妙なことだと思うのだけれども、実際、建築という容器《いれもの》を通過させることによって、そのたんなる仮説はじつにみごとな「根拠」、つまり正当な「中身」に変身してしまうのである。

その「根拠」と考えられてきたものは、時代によっても、社会的な状況によってもあるいはさまざまな文化によってももちろん違う。たとえば宗教であったり、為政者の権力であったり、あるいは機能であったり、経済的な条件であったり、建築にはさまざまな「根拠」が与えられてきた。でもどんな場合でも、その建築の「根拠」と考えられているものが、じつは建築によって正当性を与えられてきたという基本的な構図は変わらない。建築によって荘厳され、畏怖され、秩序づけられてきたのである。

私たちは建築に先立ってその建築を要請する根拠あるいは中身のようなものがあることをいまでもまったく疑っていない。それはいまだったら、もちろん宗教でもないし、為政者の権力でもないし、あるいは断片的な機能でもない。たぶん、いまもっとも説得力があるのは社会的なプログラムのようなものだと思う。建築は社会的なプログラムに則ってできている。あるいはそうあるべきだと多くの人は考えているだろうと思う。

でも、実際にはそのプログラムが破綻していても、建築はじつにあっさりとできあがってしまう。建築ができあがることで、逆にその破綻したプログラムのほうがいかにももっともらしく見えてしまうのである。その破綻したプログラムがいかにも正しいように追認されてしまうのである。あるいはそのプログラムがどんなに現実から乖離していたとしても、そのプログラムによる建築が実現することで、現実から乖離したそのプログラムのほうがむしろ現実そのものであるかのように錯覚してしまうのである。

美術館、博物館、学校、あるいは住宅、集合住宅、保育園、図書館、病院、劇場、なんだっていい。いまほんとうに私たちの現実を引き受けていると確信できる建築がどれほどあるかちょっと考えてみればいい。そうした建築を支えているはずのプログラム自体がひょっとしたら破綻している。というよりも、繰り返すけれども、その破綻したプログラムを逆に支えているのが建築という容器《いれもの》なのである。

たとえば美術館。いまや多くの優れた現代美術の作品は、もうとっくに美術館などという容器《いれもの》には納まりきれなくなってしまっている。マルセル・デュシャンから始まってオルデンバーグやリチャード・セラやジェニー・ホルツァーやキース・ヘリングや、あるいはクリスト、いや誰だっていい。美術館の白い壁面が自分の作品の最高の表現の場所だと考えて創作するアーティストなんてほとんどいないと思う。にもかかわらず、美術館の側はあいかわらず額装され陳列された美術作品の鑑賞の場所である。それを前提に美術館は計画されているからである。

「美術」などという枠組みを仮定して、その枠組みを頑《かたく》なに守ろうとしているのは、むしろ美術館という容器《いれもの》の側なのである。だから、このなかはいまだに富士山の絵やフランス印象派の絵やキュビズムやすでに歴史的に評価の定まった美術作品を展示する場所である。新しい美術館ができるたびに世界中から、すでに評価の定まったいわば古典的なコレクションを美術館の目玉商品として高額で買い漁るのはそのためである。すでに形骸化した美術という枠組みをかろうじてつなぎとめようとしているのが美術館という容器《いれもの》だからである。つまり、いまの美術という枠組みがとっくに形骸化してしまっているとしても、その枠組みに則って美術館はできているのである。

学校にしたって同じだ。四十人という生徒たちをひとつの単位にして、その一単位をどう扱うかという視点があらかじめ前提されている。四十人の生徒に対してひとりの先生が向きあう場所が教室だという構図が仮定されているのである。その仮定にもとづいて教室の面積も生徒の机のサイズも配置も採光の方向も先生の立つ位置も決められている。

その仮説が教室という閉じた箱になり、その箱のなかで教える側と教えられる側との関係が固定され、その固定化された関係をさらに再生産する仕組みができあがる。その仮定された構図による教室の形式が変わらないかぎり、学校は変わらない。一定の教室の大きさとその教室の並び方がいまの学校という建築のスタイルを決め、同時に教育のスタイルのようなものをも決めてしまっているのである。ここでも同じことが言える。建築の形式のほうが教育のスタイルあるいは形式を決めるように働いているのである。

あるいは図書館、これだけ電子情報が世界を被《おお》っても、それでもいまだに印刷媒体が中心である。図書館が地域社会のなかで今後どのような役割を果たすべきかという視点は、ひょっとしたらいまの図書館という建築自体を解体させてしまう可能性だってある。

最近、あるコンピュータワークで図書館のなかに入っていって、自分のほしい本を背表紙を見ながら検索できるような、そんなバーチャルリアリティの検索方法の実験を見せてもらった。もし、こんなことが可能になったら誰だって簡単に自由に情報にアクセスできる。図書館は自分のコンピュータのなかだけで十分に機能してしまうというわけである。保育園にしても、幼稚園にしても病院にしても劇場にしても、あるいは住宅にしても同様である。すべての建築は、その建築を成り立たせているはずの確固とした根拠、つまり中身があるわけではない。すべての建築は仮説にもとづいてできている。その仮説を変更してしまえば、もはやその建築そのものが成り立たない、建築はその程度のものだとも言える。

さまざまな建築が仮説にもとづいてできあがっている。その仮説にもとづいてできあがっている建築の形式、美術館や学校や図書館や住宅や病院や福祉施設や交番や公民館や、その他いま私たちの生活の中心やあるいは周縁にあって、私たちの生活をとりあえず秩序立てているそれぞれの建築の形式のことを「ビルディングタイプ」と呼ぶ。使われ方によって異なる役割を担った建築の形式のことである。

こうしたさまざまな建築の形式があるのは当然じゃないかと多くの人たちは思っているけれども、じつはこうした建築の形式、図書館や博物館や学校がひとつのビルディングタイプとして整備されるようになったのはつい最近、日本が近代国家として整備される時期である。ビルディングタイプの整備は、システムとしての国家の整備とぴったりと重なる。重なるのはあたりまえで、ほとんど両者は同義である。国家のシステムは建築として整備されたのである。整備されるという意味は、制度と整合するという意味である。教育令、中学校令、小学校令、図書館令などの法律やあるいは各ビルディングタイプの所管、つまり法律とビルディングタイプとその所管とが整合するという意味である。

ひとつビルディングタイプができるということは、それが法制化されるということであり、制度化されるということである。そしてその制度によってつくられるビルディングタイプが逆にその制度そのものをより強化するように働くわけである。いままでみてきたとおりである。そしてそれが国家のシステムから日常の生活、地域社会との関係として再整備されるのは（少なくともそうした意志をもってビルディングタイプを整備しようとするのは）ようやく戦後になってからである。そういう意味では、いまのビルディングタイプの多くは、戦後になって整備されたものであると言っていい。

教育基本法、学校教育法は一九四七年（昭和二十二）、児童福祉法も一九四七年、医療法は一九四八年、図書館法は一九五〇年、博物館法は一九五一年、公営住宅法も一九五一年、戦後のこの時期に集中してビルディングタイプと制度との関係が見なおされた。ビルディングタイプを再編成することによって、制度そのものが再編成されていったわけである。国家というシステムから地域社会へという理念を敷衍《ふえん》するための装置が建築だった。その敷衍する装置という役割が徹底して強化され、ビルディングタイプ＝制度が再編成されていったわけである。

たとえば博物館というのは「歴史、芸術、民俗、産業、自然科学等に関する資料を収集し、保管し、展示して教育的配慮の下に一般公衆の利用に供し、その教養、調査研究、レクリエーション等に資するために必要な事業を行い、あわせてこれらの資料に関する調査研究をすることを目的とする機関」であることが博物館法（昭和二十六年十二月一日、法律第二八五号）によって決められている。その博物館法にもとづいて「博物館法施行令」（昭和二十七年三月二十日、政令第四七号）「博物館法施行規則」（昭和三十年十月四日、文部省令第二四号）が定められ、「公立博物館の設置及び運営に関わる基準」（昭和四十八年十一月三十日、文部省告示第一六四号）が告示され、その「基準」に対する取り扱いについて社会教育局長から「通達」が出る、といった具合にさまざまなレベルでその理念が徹底される。それも事細かく、部屋の種類から規模から運営の仕方まで、なるべく「標準的な博物館」が平等に日本各地にできるように、日本中まったく同じ博物館ができるように整備されているわけである。

博物館という規格化された建築ができることで、その建築をつくりあげている理念、つまり「仮説」がみごとに制度化され規格化され、確固とした根拠になっていくわけである。

住宅というビルディングタイプは家族という仮説にもとづいてできている

住宅というビルディングタイプも同様である。住宅も仮説によってできあがっている。そしてその仮説によってできあがったビルディングタイプを通じてその仮説を逆照射しているという構図も、他のビルディングタイプとまったく同じである。そしてその逆照射された仮説がいかにも正当であるように見える。住宅というビルディングタイプのための仮説は家族である。その家族という仮説がいかにももっともらしく見えるのである。とくに住宅に関しては仮説（家族）とビルディングタイプ（住宅）との関係があまりにも密着していたために、つまり私たちの日常にあまりにも身近だったために、つい最近まで私たちはその仮説を疑いもしなかった。たんなる仮説なのに、それを仮説だとは思ってもみなかった。

家族が住宅に住むのは当然である。つまり、家族という居住単位は当然である。夫婦という単位がベッドルームを共有するのは当然である。夫婦が愛情で結ばれているのは当然である。子供が子供部屋をもつのは当然である。子供が人格をもっているのは当然である。ダイニングルームやリビングルームがあるのは当然である。もっぱら主婦がそこで働くのは当然である。住宅というビルディングタイプの図式なのか、そこでの生活の図式なのかどっちがどっちかよくわからなくなるほど両者は密着している。

さらに、その家族という仮説を最大限に評価するように住宅はできている（それは、たとえば美術館と美術という枠組み、学校と教育システムとの関係とまったく同じである）。つまり、戦後すぐにつくられた図式、それはビルディングタイプの図式であると同時に生活の図式である。それがいまだに有効なのである。住宅メーカーのコマーシャルを見ると、そのあたりの構図がよくわかる。

住宅を売るために徹底して家族という仮説を美しく描くのが住宅コマーシャルの常套《じょうとう》だからである。住宅を買おうとする人たちは、たんに住宅という容器《いれもの》を買うわけではなくて、極端に美化された「家族という仮説」を買っているのである。その仮説を現実として手に入れるためにとんでもなく高価な買い物をしているわけである。

数年前にその図式に違反するような公共住宅をつくった。従来のリビングルームがあってベッドルームがあってダイニングキッチンがあるというような住宅とはかなり違う住宅である。あるいは一家族が一居住単位であるというような仮説とは違う仮説でできあがっている集合住宅である。熊本県の保田窪第一団地（一九九一年）がそれである（写真1）。

集合住宅といっても、いま私たちがもっている集合住宅はたんに閉塞的な住戸が縦に積まれ、横に並んでいるだけである。住戸相互の関係はまったく考えられていない。というよりも、相互に干渉し合わないですむほうがより上等な集合住宅だと考えられているように思う。隣に住んでいる人の気配がわかるなどというのは安普請の集合住宅である。ピアノを弾いても、洗濯機をまわしても、子供がどたばたと走りまわっても、隣や上下に住んでいる人たちに気を遣わないですむ、その程度には個々の住戸が孤立的じゃないと集合住宅には住めない。多くの人たちはたぶん、そう考えていると思う。家族という単位が十分に自己充足的な単位であるということを信じて疑っていないからである。だから逆に、その自己充足している住戸が集合する契機を説明することができないわけである。周辺から干渉されない、各住戸が孤立していればいるほどいい住宅なのである。だからいままでの集合住宅は、多くの場合、ひとつの住戸の内側に対してはさまざまな工夫があったとしても、その住戸が集合するときの手がかりがまったくないままできあがっている。

個々の住戸が十分に自己充足的な居住単位である、ということが前提だから、その住戸が集合する契機がまったくない。それでも「集合住宅」というビルディングタイプをつくろうとするから、その配置計画は単純に日照によって決められる。公営住宅法に決められている「四時間日照」という条件がその配置計画を決めているのである。四時間日照というのは、あらゆる住戸が最低一日あたり四時間の日照を得られるように住棟を配置しなくてはならないという公営住宅をつくるときの指針である。そうすると、たとえば四階建ての中層住宅で、その一階部分の住戸に一日四時間の日照を確保しようとすると、真南に向かって住棟を配置したとして、おおむね一七メートルほどの隣棟間隔になる。日本の住宅団地の住棟がおしなべて南を向いて規則正しく一七メートルほどの間隔で並んでいるのはそのためである。それがもっとも効率がいいからである。

でも、この一七メートルという間隔にはなんの意味もない。たまたま冬至の太陽高度がつくったただの空きである。住戸の集合のために有効な空きではなくて、個々の住戸の日照のためにつくられた空きでしかない。つまり、ここにあるのは一戸の住宅というビルディングタイプだけである。その住宅の単純な和集合が集合住宅である。それぞれの住戸の自己充足性だけを確保しておいてあげれば、どんなかたちで集合していいようとかまわない。つまり、集合させる論理がない。

写真1　熊本県営保田窪第一団地（1991年）

要するにどうだっていいのである。

「実は集合住宅の計画というのは、それ自体で自己矛盾である。もし、家族＝住宅という単位が社会的な単位として十分に自己充足的なら、その家族＝住宅単位がさらに集合する契機をそれ自身の内側には含んでいないはずである。逆に、もし、家族＝住宅という単位が、集合する契機をその内側に含んでいるなら、その家族＝住宅単位の自己充足性がどこかで破綻しているということである」（拙著『細胞都市』、「INAX ALBUM 12」、一九九三年）

熊本県の保田窪第一団地の計画はその矛盾を解消できるようなシステムをもった集合住宅の試みである。個々の住戸の自己充足性を保ちながら、それでも必要に応じて集合の可能性を選択できるようなシステムである。具体的に言うと、個々の住戸が中庭を囲むようにできている。そしてその中庭がこの団地の住民たちの専用になるような配置計画なのである。その専用になるような配置計画の仕掛けが、この百十世帯の各住戸の中庭に面する出入口と外側の道路に面する出入口とのふたつの出入口である。

中庭は集会室と三つの住棟とによって完全に囲まれていて、この中庭に外から直接入ることができるような出入口をもっていない。つまり、誰も外からは入れない。でもこの団地に住んでいる人たちは、自分の住戸を通過すれば中庭に入ることができる。ひとつの住戸は外側の道路に面する出入口と中庭側の出入口とのふたつの出入口をもっているわけだから、自分の住戸が中庭へのゲートのようなものになっているわけである。各住戸に設けられたふたつの出入口は中庭を団地住民の専用にするための仕掛けである。だから、この中庭を使う人がもっぱら団地住民だけだということが前提で、各住戸の計画もできあがっている。つまり、各住戸の、とくにリビングルーム部分がこの中庭に対してきわめて開放的にできあがっているのである。

この計画が従来の「四時間日照」によってつくられる計画と違うところがあるとすれば、多少でも共同性ということについて気を配っていることだと思う。でも、その共同性は各住戸の側を拘束するような共同性ではなくて、それぞれの住戸に住んでいる人たちが選択可能な共同性である。たとえばひとつの住戸に住んでいる人に注目すれば、その住戸に住んでいる人は、別にこの団地のメンバーというだけではなくて、他にさまざまなネットワークをもっている。この団地のメンバーであるということは、その人のさまざまなネットワークのひとつにすぎないと言える。ひとつの団地に住んでいるという共同性はその程度の共同性である。必要に応じて団地という地域的な共同性の恩恵にあずかればいい。主体はあくまでも家族＝住宅の側にあるわけである。でも地域的な共同性の恩恵といっても、この保田窪第一団地の場合の恩恵は単純にこの中庭だけである。

もし「家族＝住宅」の自己充足性が破綻しているとしたら、いや、すでに破綻しているのだけれども、中庭だけではなくその中庭部分に「家族＝住宅」単位に対するサポート施設のようなものも同時に組みこみたいと思った。託児所やディケア施設やコンビニのような施設である。でも、いまのところそうした施設を公共の集合住宅のなかに組みこむのは非常にむずかしい。集合住宅というビルディングタイプと制度とその所管が相互に拘束しあって、ただ「家族＝住宅」単位の集合としてしかつくれないというのが実状である。だから将来的には一階部分を他の用途に変更可能にはつくってあるけれども、とりあえずいまここで実現されているのは、団地住民のための専用の中庭とその中庭に向かって開放的につくられているリビングルームだけである。

この団地の計画が成功しているのかそれとも失敗なのかは、住んでいる人々の評価次第である。多少の時間をかけて検証してもらうしかないと思っている。いまのところ少なくとも中庭の使い勝手に関しては好意的に評価してもらえているのではないかと思う。それよりも私にとって意外だったのは、この団地に対する多くのジャーナリストたちの反応だった。また最初の話に戻るけれども、形ばっかり、中身のことを考えていないじゃないかというのがジャーナリストたちの反応だった。あるいはそれは、形のことだけ考えるのが商売だろ中身のことまで口を出すな、という批判でもあった。彼らは徹底していまのビルディングタイプの中身、つまり根拠のようなものを信じきっているのである。たぶん、多くの日本人のそれは一般的な反応である。それがたんなる仮説だなどとは思ってもいない。いまの集合住宅は正当な根拠があってできあがっていると思っているのである。建築の啓蒙装置としての役割はほぼ完璧に稼働して、従来までのビルディングタイプを疑うなどという批判的な眼が完全に失われてしまっているのである。そうした状況をあらためて体験した。むしろ、この計画に関わった行政側のほうがはるかに集合住宅というビルディングタイプの見なおしに積極的だった。画一化されたビルディングタイプの信奉者のはずの行政側のほうが、ひょっとしたら全国的な画一化に危機感をもっている。でも、だからといって行政がつねに柔軟だというわけではない。実際には行政の現場は、地域住民からの反応にきわめて敏感にならざるをえないからである。足を引っ張っているのはむしろ啓蒙されてしまった全国画一地域住民やその代弁者たちである。建築はたんなる形の問題でしかないと考えている多くの私たち自身である。

地域社会に固有のビルディングタイプを

博物館法と博物館、学校教育法と学校建築、児童福祉法と児童福祉施設、医療法と病院、図書館法と図書館、公営住宅法と住宅。いま考えられるあらゆるビルディングタイプはいわば制度そのものである、というよりも、ビルディングタイプという建築の形式はたんなる仮説を制度に変容させる装置である。さらにそれを敷衍させる装置である。

国家というシステムのためにではなくて、地域社会のためにという理念は、その当時たぶん多くの人々によって共有され、共感された理念だったと思う。あらゆる場面で望むべき地域社会のためのビルディングタイプが模索された。つまり制度としてつくられていった。そして建築はその理念の啓蒙装置である。建築というのはそういう側面をもっている。できあがってしまった建築はひとつの環境になってしまうからである。環境であるという意味はそれを批判的に眺める眼を私たちがもつのはきわめてむずかしいという意味である。

環境は、とりあえず無条件でそれを受け入れざるをえない。もともとそこにあらかじめあるものが環境だからである。その環境が画一的につくられていった。つまり、日本中がまったく同じ規格のさまざまなビルディングタイプによって被われていった。博物館、美術館、多目的ホール、学校、図書館、集合住宅、所管の官庁からの指導と補助金制度のおかげで各地方自治体は争うようにその規格に合うようなビルディングタイプをつくっていったわけである。

理念はみごとに敷衍されていった。でも、本来ならその理念はさまざまな地域によってさまざまに解釈されるべきである。その地域の特性によって多様なビルディングタイプが実現されるべきである。日本中が同一規格のビルディングタイプによって被われるということは、まったく同質の地域社会を日本中に実現しようとしたからである。地域の特性よりも地域格差の解消が最大目標だったのである。

たしかに、かつては私たちの夢を担っていたのかもしれない。でも、すでにもう五十年近くも時間が経過しようとしている。どう考えたって五十年経ってもまだ当時の夢をそのまま私たちがもちつづけているとは思えないのに、でも理念はそのまま凍りついて、その敷衍する装置だけが勝手に稼働してしまっているように思うのである。同じビルディングタイプがただそのまま繰り返しさまざまな地域でつくりつづけられている。さまざまなビルディングタイプがたんなる仮説にもとづいてできあがっているという記憶すら私たちは失ってしまっているのである。

地域に固有のビルディングタイプを本気で考案する必要があるように思う。さまざまな考え方によるさまざまなビルディングタイプが試みられるべきである。仮説をあらためて鍛えなおすには、それしか方法がない。地域社会のための建築という理念はいまだに十分有効だと思う。問題なのは日本全国画一地域社会であり、そのための日本全国画一ビルディングタイプである。いまの画一的なビルディングタイプを見なおして、まったく新たなビルディングタイプの可能性を試すべきである。実際、建築をつくるということは、ただ設計者の個性や作風の話でもないし、画一化されたビルディングタイプを繰り返しつくるための技術の話でもない。その画一化されたビルディングタイプのデザインを多少変えてみるなどという、末梢的な形の話などではさらにない。たしかに、多くの建築はその程度のものとしてつくられているし、見渡せばせいぜいそんなものだと思われても仕方がないような建築ばかりだけれども、でも、この硬直化したビルディングタイプをほんの少し変えるだけでも従来の全国画一地域社会を多少は変えることだってできるように思うのである。つまり集合住宅とか図書館とか学校とか病院とか、そんなビルディングタイプの画一性を保存したまま、そのビルディングタイプの内側の問題として建築を考えるのではなくて、その枠組み自体を変えることである。

たとえば集合住宅をたんに住宅の集合というそれだけの問題にしないで、コンビニや児童図書館やコインランドリーや託児所や高齢者のためのデイケア施設やなんだっていいけれどもその地域の特性に応じた都市施設といっしょに計画できたら、それだけでもいままでの集合住宅とはかなり違った役割を担うことができるように思う。あるいは中学校や小学校といっしょにその地域が必要としている文化施設や福祉施設を考えることができたら、それだけでいまの学校という規格品とはまったく違う建築ができると思う。そんなこと簡単にできるような気がする。でもそれがとてもむずかしい。どんなビルディングタイプもそのビルディングタイプという規格品のなかで考えているかぎり、その規格品の品質を守るようにしか私たちの頭は働かないからである。その規格品が破綻しているのである。繰り返すけれども、その規格品をつくっている仮説自体を疑うことである。

（1996.10）

痴呆性老人のための施設

五四メートルの長いファサードがパンチングされた杉板のスクリーンで被われている。防腐処理された杉板に直径三〇ミリの孔を一三〇ミリ程度のピッチで開ける。板一枚のサイズは四〇〇ミリ×一〇〇ミリだから孔による開口率が五パーセント程度、その杉板をやはり三〇ミリ程度の目透かしの間隔で貼っているから、全体で三五パーセント程度の開口率になっている。開口率三五パーセント程度といっても、その杉板スクリーンがちょうど真南に面しているので、中には光がふんだんに入ってくる。三〇ミリの穴とスリットから木漏れ日のように陽光が降り注いで、まるで光のシャワーのようだ（写真1）。

ここで一日を過ごす痴呆症の老人たちにとっては、この陽光とスリットから見える外の風景とが唯一の環境である。なるべく外に対して開きたい。でも、そうすると逆に外から内部が丸見えになってしまう。こうした障害をもった人たちのための施設は、一般的になるべく外部に対して閉鎖的につくろうとする傾向にある。障害をもった人たちが、その施設とは無縁の人たちから「さらし者」のように眺められるのを嫌うからである。たしかに丸見えではちょっと都合が悪いようにも思う。でも密室のようにまったく閉鎖的にすればいいのかというと、それも違うように思う。多少は内部の気配のようなものが外からわかったほうがよいのではないか。誰がその場所にいるか特定することはできなくても、それが高齢者のための施設で、そこで介護されていることが外側からも多少はうかがい知れたほうがいいのではないか。じつをいうと、どの程度外と中がたがいに見えてもよいのかよくわからなかった。パンチングメタルのような素材を試したり、グレーチングやＦＲＰ（繊維強化プラスチック）や、あるいは中間の桁材から下はなるべく内部が見えないように木造ルーバーによる目隠しを試したり、さまざまな素材を検証してみた。検証したというより、迷いに迷った。ちょうどこうした施設そのものの曖昧さに似て、判断のよりどころがないのである。

この施設（山本クリニック、一九九六年）は精神科のクリニックと痴呆性老人のためのデイケアセンターとの複合施設である。家庭で介護されている痴呆性老人を朝九時ごろから夕方の五時ごろまで預かる。託児所の老人版みたいな施設である。こうした施設に関わると、地域社会だとかコミュニティだとか、あるいは家族だとか、それまで抽象的にしか考えられなかったものがとたんに生々しいものになる。誰がいったいそうした高齢者たちの引き受け手なのかさっぱりわからない、ということが実感されるからである。こうした高齢者を引き受けてしまった人たちの深刻

写真1 山本クリニック（1996年）

さは体験的にも多少はわかる。その深刻さを家族という単位のなかで引き受けるのはほとんど不可能なのだ。にもかかわらずいまのところそこ以外に引き受け手がない。だから、こうした施設はその家族に対する補完として働くようにできている。つまりさまざまな福祉施設は、一般的には家族に対する補完施設である。家族という単位を前提にしながら、その単位の脆弱さがさまざまな福祉施設の存立基盤になっているという、きわめて矛盾した構図である。もし家族という単位が脆弱なら、それに代わる生活の方法のようなものが構想されて、その構想を実現するために福祉という制度が稼働するという構図になっているべきだと思う。ところが家族という単位が脆弱であるうえに、それに代わる居住方法のようなものも構想されない。こうした施設に関わるときのよりどころのなさは、たぶんこのあたりにあるのだと思う。

「痴呆性老人といっても知性が失われるわけじゃないんです。ただちょっとふつうよりも答えを出すのに時間がかかる。ふつうの人なら数秒で反応するところが、場合によっては一週間もかかる。でも、その答えの出し方は人によってはきわめて知的です。私たちが教わることだってたくさんある」という話を院長の山本先生から聞いた。「デイケア施設に毎日通うだけで、症状は落ち着きます。日常の生活に参加しているという気分になるからなんだと思います。ですから共同生活をしているようなデイケアセンターにしたい。ここに通ってもらうこと自体が治療なんです」。これは福祉施設ではなくて、医療施設である。アルツハイマーというのは病である。病なら治る。治すための治療をするんだというのが山本院長の思想である。それはいまの福祉というあいまいな制度に対する徹底した不信感のようなものでもある。

こうした施設はいまさまざまな意味で過渡期にあるのだと思う。そのあいまいさがこの建築にもあらわれている。ファサードの杉板がどの程度の開口率だったらよいのかという話は、じつはそのあいまいさの話なのである。この施設の外側がことは無縁ではなくて、なんらかの関係を保っているようなら、つまりこうした施設を共有する地域社会のようなものができあがっているとしたら、こんなスクリーンなどいらないだろうし、まったく無縁ならスリットなど開けることもできない。そのぎりぎりの判断がこのパンチングされた杉板である。

（1996.3）

看護・福祉は社会システムである

埼玉県立の看護福祉系大学の計画に関わっている。従来まで浦和にあった県立の短期大学、看護、福祉、リハビリテーションの各学科を有する新設の四年制大学とで構成される保健医療に関わる総合大学である。いま私たちの事務所では、痴呆老人のためのデイケアセンター、年をとって自宅で介護されている人たちのための在宅支援施設など保健医療に関わる施設が、偶然だけれども重なっている。それぞれにいまの保健医療福祉の問題をたっぷりと含んでいる施設である。

病人ではないけれども日常の生活についてゆくには少し手助けが必要だという人たちに対して、どう対処すべきなのかよくわからない。それがどうもさまざまな問題を、よりややこしくしているらしいのである。わからないというのは、たぶん手助けの必要な人々がそれぞれにきわめて個別的だからである。

いまから五年ほど前、熊本の集合住宅（熊本県営保田窪第一団地、一九九一年）の計画をしていたときに、身障者や年をとった人たちについてどう考えたらいいのか、計画する側からはその考え方がどうしても画一的にならざるをえないという、ちょっと残念な経験をした。設計者としては身障者一般、老齢者一般としてしか対処できないのである。身障者のための住宅を求められるのだけれども、その住宅に入居する人がどんな障害をもった人なのかがわからない。とりあえず障害者用住宅なのである。でも障害者一般などということがあるはずがない。個々に個別的な障害があるだけである。何を障害と呼ぶか、それだって微妙な話なのだ。だからとりあえず障害者用住宅というのは、床にレベル差がなくて、手摺がついていて、車椅子対策になっているというその程度の住宅である。

当たり障りのない平均的な対処の仕方しか選べないのである。さらに言えば、障害の固有性に応じた個別対応がむずかしいというだけではなく、その障害者に対する介護や看護はどうするのかというもっとも基本的な問題が問われていない。少なくとも集合住宅の計画のなかには組みこまれない。それは集合住宅の計画とはまた別のところで処理されるという仕組みになっているのである。

いまの集合住宅の計画というのは、住宅という空間単位とそこに生活することが仮定されている家族という生活単位とがそのまま一対一で密着している。密着させることによって、ひとつの居住単位をつくりあげているわけである。その居住単位を「住宅＝家族単位」と呼ぶとすれば、そのきわめて自立性の高い「住宅＝家族単位」の集合によって集合住宅は構成されている。自立性が高いという意味は「住宅＝家族単位」の内側でその生活の維持管理のすべてを賄うことができるという意味である。つまり、障害や老化によって日常の生活に支障があるような場合でも、それでもこの「住宅＝家族単位」の内側でそうした人々に対する介護が可能である。それが前提とされている。だから、こうした人々に対する看護や介護は集合住宅という「住宅＝家族単位」の集合に関わる問題ではなく、「住宅＝家族単位」の内側の問題なのである。だからこそ身障者用住宅ではあっても、それがたんに床のレベルの問題であり、手摺の問題であり、車椅子の問題にするりと変わってしまうのである。住宅の集合のレベルでそうした人々に対する介護や看護が問題になることはない。そしてひとつの「住宅＝家族単位」の内側ではまったく手に負えないという場合には、それが住宅の集合の単位に引き渡されるのではなくて、この生活単位とは別の、たとえば特別養護老人ホームなどというところへ収容される。「住宅＝家族単位」でもない、その集合でもない。日常の生活から排除されるようにしか介護できない。そんな構図になっているのである。

熊本の集合住宅は共同的な場所を中心にして、それを百十戸の住宅が囲んでいる。でも共同的とは言っても、空間の配列として、共同性というのはどういう配列になるのか、それを空間の配列として表記しようとすればどのように表記できるのかという、一方的に空間側からのプロポーザルである。だから空間の配列としては、囲われた中庭はたしかに共同的な場所であることを指示している。でも、ここには機能がない。共同性を空間の側から定義しているだけで、具体的な生活のアクティビティをあらかじめもっているわけではないのである。実際にはこの中庭は、竣工して三年ほどが経過して住んでいる人々によってさまざまに活用されている。設計者の思惑よりももっとはるかに活性化されてきている。それはそれでひとつの役割を果たしているとは思うけれども、でも、もしこの囲われた中庭に面してさまざまな都市施設のようなもの、たとえば介護施設や医療施設の端末の施設が組みこまれていたら、あるいは子供のための託児所や児童図書館のようなものが配されていたら、この中庭をめぐる共同性という意味がもっとはるかに明瞭になったと思う。おそらくそうした施設と一体になってはじめて集合住宅がひとつのビルディングタイプ（インスティテューション）として意味をもつのだと思う。つまり、共同性ということが意味をもつのだと思う。

それができなかった。集合住宅に関われば当然誰でも障害者や高齢者のことを考える。でも、ひとつは「住宅＝家族単位」の自己完結性、そしてもうひとつは行政側の制度上の問題、このふたつの問題がネックになって、バリアフリーの住宅というせいぜいハードウェアだけの解法にとどまってしまうのである。あたりまえの話だけれども、障害者も高齢者も日常の生活環境のなかに同居できるような方法が考えられるべきだと思う。そしてそのためには、こうした集合住宅の空間の配列のシステムと看護・福祉のソフトウェアのシステムとが同時に実現できるような手立てがいまもっとも必要なのだと思う。

つまり、看護・福祉は日常の生活環境を支える中心部分である。生活環境を支えるいわば社会システムなのである。

この看護福祉系大学の計画で私たちが提案した考え方は、徹底してこの「社会システム」に関わることであった。個々の医療技術や看護や介護の方法を修得することは、もちろん重要なことである。でも、同時に保健医療・看護福祉というシステムが具体的な生活環境にどう関わることができるかということも一方で問われているはずなのである。看護・福祉というシステムがどういうシステムなのか、そしてそのネットワークを今後どうつくりあげていくのか、そのネットワークを支える人材をどう育成していくのか、看護・福祉に関わる研究・教育機関のもっとも重要な役割である。

個々の学科、専門分野に固有の保健医療技術を修得するだけなら、それぞれの専門分野はそれぞれに自立性を保っていればいいはずである。つまり、さまざまな実験・実習室が各学科ごとに集められて、それぞれの固有性を獲得していればそれで十分である。多くの看護・福祉系の学校は実際そのように構成されている。でも、もし看護・福祉が生活環境を根底のところで支えている社会システムであるなら、むしろさまざまな専門分野間の相互関係こそが重要になるはずである。つまり個々の学科、専門分野の固有性を保ちながら、それでもそれぞれが完結的にそして閉鎖的になるのではなく、相互の関係、ネットワークこそが重要であるはずなのである。だから、この看護福祉系大学は各学科ごとにそして各専門分野ごとに分節されていない。分棟していない。各学科のすべての実験・実習室が一階部分に配されているのである。実験・実習室相互の関係が

写真1　埼玉県立大学（1999年）、メディアギャラリー

次ページ・**写真2**　埼玉県立大学

より重要だと考えたからである。さらに、その相互関係の中心を大学、短大それぞれにメディアギャラリーと呼ぶ大きなアトリウムが貫いている。すべての実験・実習室の相互関係をより円滑にするためのギャラリーである。このメディアギャラリーを中心にして各実験・実習室が相互に関係づけられ、その全体がひとつのネットワークになっている。それがそのまま形になったような計画がこの看護福祉系大学である（写真1・2）。

そのネットワークが二階のデッキレベルに顔を出している。つまり、すべての実験・実習室は小さな中庭に面していて、その中庭が二階の屋上庭園からは床に穿たれた四角い穴のように見える。一階がさまざまな実験・実習室のネットワークによってできあがっているとすれば、二階はそのネットワークを上から眺めるような場所である。

（1996.10）

ネットワークの建築

一九九五年三月、埼玉県設計者選定委員会からコンペの要項を受けとる。三十八社指名という指名コンペとオープンコンペとの中間システムのようなコンペだった——

看護・福祉・医療に関する新しい県立大学をつくる。現在、浦和にある短大もこの場所に移転して併設されることになる。四年制の大学と短大、合わせて五万平方メートルをこえる非常に大きなプロジェクトである。敷地は田んぼのなか。東側の区画整理された住宅街には木造の二階建ての住宅が広がっている。南側にはむかしからの農家と雑木の林が、そして北と西側には田んぼがどこまでも続いている。その田んぼのなかにある中学校の屋上に上ってみた。見渡すかぎりまっ平らだった。ここに五万平方メートルをこえる建築をつくる。あまり高い建物はつくれないなあというのが、最初の印象だった。

従来からの方法を踏襲するとすれば、大学のさまざまな学科、専門分野をそれぞれひとつの建築として独立させ、その建築の集合体の構成について提案するという手順をとると思う。この大学なら看護学科、社会福祉学科、理学療法学科、作業療法学科というそれぞれの学科を分棟させて、その棟のなかにその学科に固有の実験・実習室、講義室、研究室を集約する。そのうえでその各学科棟を敷地のなかに分散し、あるいは連続させるというような方法である。そうした方法を採用するとしたら、たぶんそのつなぎの部分、あるいは棟と棟とのあいだの部分が重要になるはずである。つなぎの部分に、たとえば図書館や講堂や体育館のような共通施設を配置し、あるいは広場や池や森であいだの部分を埋めていく、そうしたオーソドックスな方法が破綻なく全体を構成するためのもっとも有効な方法だとは思う。でも、そのつなぎの部分、あいだの部分を豊かにしようとすればするほど一方の各学科棟はより集約性の高いものになっていきそうな気がした。実際、分棟配置で素直に計画すると、どうしても建物の高さが五、六階になってしまう。周辺の平坦な環境との関係を考えると、それでは高すぎる。せいぜい四階程度までが限界ではないか。それがこの敷地からの条件なのだと思った。そのためには従来までのキャンパス計画の方法とは違う新しい方法を考える必要がある。分棟配置とは違う方法である。

分棟配置がうまくいかないだろうと思った理由は敷地からの条件によるだけではなくて、この大学の性格にもよっている。いや、むしろその性格によるほうが第一義的な理由である。この大学は看護・福祉・医療にかかわる総合大学である。看護や福祉にかかわる学習がたんにその固有の技術の習得であるだけなら、それぞれの学科がそれぞれに自立していて、その固有の技術を学べばそれでいい。つまり分棟させて、その内側だけで仮に閉じていたとしても、おそらく技術の習得ということだけなら何も差し支えがなさそうである。でも、看護・福祉の学習は、たんに看護技術やリハビリテーションの技術の問題ではないはずである。むしろ相互の関係のほうがより重要なのではないのか。

看護・福祉というシステムをこれからどう構築するのか。そのシステムはこれからの地域社会のなかでどんな役割を担うのか、ということを考えると、むしろ個々の学科の自立性よりもその相互の関係をどうつくるかということのほうがより重要ではないのか。多くの高齢者を含むひとつの地域社会のようなものを考えると、その地域社会のなかでこの大学を卒業した人たちが果たす役割はますます重要になるはずである。地域社会のなかの看護・福祉のネットワークのようなものを私たちはイメージした。そのネットワークのようなものがそのまま空間化できないだろうか。分棟配置の大学ではなく、全体がひとつのネットワークのようになっている大学である。

低層の建築にすること、全体がひとつのネットワークになっているような建築であること、このふたつのことは相互に矛盾しない。私たちは一階部分に各学科のすべての実験・実習室を並べた。どの学科に属すかということよりも学科相互の関係のほうがより重要であるとしたら、その関係、つまりネットワークをつくるためにもすべての実験・実習室が一階にあることが望ましい。その実験・実習室の配列の中心をメディアギャラリーと呼ぶ四層吹き抜けの空間が貫いている(写真1)。一階の実験・実習室のネットワークの中心であると同時に二階の講義室、三、四階の

写真1（上）埼玉県立大学（一九九九年）メディアギャラリー
写真2（左）同、各教室をつなぐ街路空間

研究室を結びつけるための中心軸である。大学棟にひとつ、短大棟にひとつ、この長いメディアギャラリーがたがいに向きあうように配置されている。ふたつの向きあうメディアギャラリーが、結果的にこの大学の外からの風景を決定的なものにしているのではないかと思う。

一階の実験・実習室の屋上部分の風景は、かなり初期のころからイメージとしてあった。田んぼの風景に連続するような屋上庭園の風景である（写真3）。その屋上庭園に穴があいている。実験・実習室のための光庭である。模型をつくってみたら、ちょっと中国の窰洞《ヤオトン》の風景のようになった。それが造形的なシンボリズムとは違う意味で、この大学を象徴するような風景になるように私には思えた。

一九九五年十一月、基本設計完了。講堂の向きの変更、二階デッキの光庭の見なおし、モデュールの確認、巨大施設の設計の手法について試行錯誤が続いた――

講堂、本部棟、食堂、研究研修センター、学生会館などによって囲まれた「フォーラム」と呼んでいるゾーンと、大学、短大の実験・実習室や教室、研究室、つまり屋上の二階デッキを中心とする「教室棟ゾーン」とが、私たちの意識のなかでは当初かなりはっきりと分けられていた。というよりも、フォーラムゾーンをどうまとめるか非常にあいまいだったのである。教室棟ゾーンが早くからモデュールに乗せることを強く意識していたのに対して、フォーラムゾーンのまとめ方の方法がもうひとつ明瞭にならなかったのは、比較的自由な構成が可能だったということも

次ページ・写真3　埼玉県立大学

あったと思う。多少でもその性格がはっきりしてきたのは、講堂のステージの向きをコンペ案とは百八十度変えたことがかなり大きな要因だった。講堂の客席がフォーラム側に向くことで、あいまいだった講堂の前と二階デッキ部分とが無理なくつながったのである。つまり、二階デッキからおりてくる幅の広い芝生のスロープをつくることで講堂のステージと一体化できたように思えたのである。そのおかげで、教室棟ゾーンのモデュールがそのままフォーラムゾーンまで適用可能になっていった。つまり、すべてが一体的な建築になっていったわけである。短大棟のフィーレンディール・トラスの屋根が学生会館まで延び、大学棟のそれは本部棟まで一気につながっていった。全体の構成がほぼ固まってきた。

もうひとつ、決定的に変化した部分がデッキの構成だった。それまでの光庭のようなデッキ上の穴が、連続して迷路のような街路空間になったことである。きっかけは埼玉県側からの要請だった。全体をいくつかの工区に分ける必要がある。工区に分けるとすると、いまの分散された光庭のプランではほとんど工事ができないおそれがあるというわけである。つまり工事車両が入れない。それは私たちにとってもこの窨洞形式を考えなおす契機になった。実験・実習室のネットワークが具体的になっていくに従って、点在する光庭の形式がむしろそのネットワークをどこかしら不自由なものにしていたからである。光庭は一方では、各実験・実習室に属する中庭である。その中庭が連続することで、今度は中庭相互の関係ができる。実験・実習室相互の関係ができあがっているように、外部空間の側にもうひとつの関係ができあがっていく可能性がありそうに思えたのである。実際、光庭が連続して、それが迷路のような街路空間に変質したとたんに、それまであいまいだった一階部分の動線計画が非常に明瞭になっていった。それはたんに動線計画というよりも、そこを歩くという体験自体が多少でも劇的な体験になりそうな、そんな空間に変わったように思えたのである。それは私たちにとっては重要な発見だった。この建築では、シンボリックな形が意図的に排除されている。岩出山町立岩出山中学校（一九九六年）の「風の翼」のような形はない。むしろ、なるべくさまざまな部分を身体のスケールに合うように分節化している。その分節化された部分の集合のさせ方によっては、そこを体験する人の意識そのもの、あるいはその空間を移動する身体感覚のようなものに対して、空間の側から十分に働きかけることができそうに思えたのである。シンボリックな形や空間ではなくて、上下前後左右に移動する身体が体験する空間である。

一九九六年十一月、実施設計完了。六〇〇×六〇〇の柱を三等分して、二〇〇×六〇〇の柱にした。同時にその柱は現場打ちからプレキャストの柱に施工方法が変わった——

大学棟、短大棟については、短期荷重はコアで受けている。そのコアとコアとの間隔は三〇・八メートル。その三〇・八メートルの長さのスラブを七・七メートルピッチの柱で受ける。柱は長期荷重だけしか負担しないから、六〇〇角の断面で十分もつ。ところがその柱が細く見えない。それに七・七メートル間隔の柱のあいだにサッシュを入れると、結局はサッシュの割付けとその後ろのマリオンによってその面がほとんど支配されてしまうことは眼に見えている。そこでその柱を三等分した。二〇〇×六〇〇の柱にしたわけである。ピッチは一九二五ミリメートル、柱の内法で一六九五ミリメートル。これだと教室の出入口の開口寸法として、車椅子のことを考えても適正寸法である。

プレキャスト化はデザインの側から出てきた。その二〇〇×六〇〇の柱の寸法を実現するためである。でもそのために苦しかった工期の問題も解決しそうだった。何よりも建築全体に対する考え方が、プレキャスト化することによってさまざまに整理されていった。建築全体がひとつのシステムに乗ったように思えたのである。

これも私たちにとっては大きな転機であった。それまでこの五万四〇〇〇平方メートルのさまざまな場所の問題をその場所の特性に応じて解決していこうとしていた方法が、この建物の巨大さのために多くの場所でほころびはじめていたからである。システムに乗ったという意味は、たんに構造的な意味だけではなくて、そのシステムという言葉がデザインの手法としてもきわめて有効に働きそうだったのである。さまざまな場所の特性に応じてその場所の最適解を求めるのではなくて、むしろ全体の側にシステムを与えて、そのシステムのなかで考えていくような方法である。さまざまな場所の素材、ディテールから家具やサインにいたるまで、決定の仕方に一種の作法のようなものができたわけである。その作法のことをシステムと私たちは呼んだのだと思う。

私たちはその「システム」にのっとって、さまざまな場所のデザインを決めていった。それは私にとっても新しい発見だった。いったんシステムにゆだねることによって、思いがけずにこちらの思想そのものが試されるのである。

（1997.7）

建築は隔離施設か

空間は制度である？

建築は制度に則ってできている。制度の忠実な反映が建築である。ひとつひとつの建築だけではなくて、身近な環境から都市環境まで含めて、およそ私たちの周辺環境はいわば制度そのものであるという認識は、もはや多くの私たちの常識である。建築や都市を計画する側にとっても、それをひとつの環境として受け入れる側にとっても、この基本的な認識は同じである。空間は制度であるという認識である。

とくに最近は、建築や都市の専門家以外の人たちから空間と制度の密着の仕方に対する指摘が目を引く。さまざまな社会的な出来事の背後に隠されている制度的な側面、それを空間や環境を切り口にして解釈しようとする態度がいまあらためて見なおされているようなのだ。多くの社会的な出来事は空間に深く関わっている。そしてその空間は制度そのものなのだというような指摘である。たとえば、たまたま手にした『「隔離」という病い』(武田徹著、講談社選書メチエ、一九九七年)というハンセン病患者への差別の歴史を書いた本のサブタイトルは「近代日本の医療空間」である。ハンセン病患者に対する医療の方法は、彼らに対する治療よりも彼らを隔離することが目的だった。空間的に隔離されること、つまり日常的な共同体から排除され、強制収容されることで彼らの人格そのものがどう剝奪されていったか、近代日本の医療空間がどれだけ隔離という方法に頼ってきたかが明らかにされている。隔離とは比喩的な意味、象徴的な意味での隔離ではなく、空間的に身体そのものを拘束し隔離するという意味である。たんにハンセン病患者に対する話だけではなくて、日本の医療と隔離という排除の思想とはいまでも密接な関係をもっているという指摘である。ここには建築という空間装置のもっとも根元的な問題が隠されている。

あるいは、最近神戸で起きた中学生の殺人事件をめぐって、この中学生が通っていた学校がいかにも滅菌処理された工場のようだと、ある評論家がしゃべっていた。その評論家がどこまで自覚的にしゃべっているかは別にして、学校という建築のつくられ方がその学校の教育システムにまったく忠実にできているということが前提になっている発言である。標準化された商品のような、なんの欠陥もない代わりに個性もない子どもたちをつくるための工場のようだというわけである。学校という施設に対する批判は、いまの教育制度に対する批判である。空間的な欠陥はそれがそのまま制度的な欠陥である。空間は制度的に組み立てられているからである。

というあたりの話に関して、私たちは日常的に体験しているわけだから、それはよくわかる。

空間は制度そのものだというのは建築に関わっている私たちの実感でもある。ただ、こうした空間＝制度という多くの人たちの指摘がたとえそれが私たちの実感だとしても、でも、空間は制度の全面的な反映である、空間は制度にただ忠実にできているという指摘には私自身はちょっと引っかかるものがある。そんなに単純じゃあないだろう。

多くの空間をめぐる話に共通しているのは、空間は制度の忠実な反映としてのみ議論の対象になりうるという前提である。医療が隔離という考え方に頼って成り立っているという話も、あるいは学校という施設と教育のシステムとの関係にしても、そうした議論にはすべて空間は制度の一方的な反映であるという前提がある。

制度などといっても、その制度につねに私たちが直接向きあっているわけではなくて、それは私たちの日常の生活の背後に隠れている。ふだんはいちいち制度なんて気にしながら生活しているわけではない。その背後に隠れている制度などと呼ぶものがどう働いているか、その制度に日常の生活がどう拘束されているか、それはなかなか見えてこないものだと思う。だから、空間が制度の反映だとすれば、その空間に注目することで日常生活の背後に隠されているその制度自体を確実に把握できる。そう考えることは一面ではたしかに正しいように思う。多くの人たちがいま空間に注目しているゆえんでもある。でも、そうした考え方がときにはあまりにも事を単純化しすぎてしまう、というおそれはないのか。

何が単純化されているかというと、制度→空間という一方通行状態への単純化である。別に制度といわなくても、生活という言葉でもよいし、あるいは社会というような現在の状況そのものを指し示す言葉でもよい。空間がそうしたものの一方的な反映であるという考え方に私が引っかかるのは、そこにはそんな空間をつくってしまった計画者に対する視点が決定的に欠落しているように思えるからである。

建築は社会の鏡である？

建築は制度の反映である、あるいはいまの社会の忠実な反映であるという見方が多くの人たちの建築に対する見方である。でもそれはたんに建築の外側にいる人びとからだけの一方的な思い入れかというと、むしろこれは私たちの側、建築に直接的に関わっている多くの「専門家」の側の共通した意識でもあるようなのだ。いつからそんな考え方が共通した意識になったのかは知らないけれども、たとえば林昌二の「歪められた建築の時代」（『新建築』一九七九年十二月号）という巻頭文はいまから十八年前に書かれた論文である。「一九七〇年代を顧みて」という副題が添えられている。そこで林は、七〇年代の建築はこの時代のさまざまな社会的な出来事のためにまったく歪められた建築になってしまったという議論を展開している。七〇年代の特徴は、この時代のさまざまな出来事、たとえば三菱重工ビルの爆破事件に代表される「社会的暴力」や住民の「ほしいままの権利主張」によって「建築環境が歪められた時代」であったと述べる。都市のなかから「オープンスペース」が失われてしまったのも、公共性の高い建築がきわめて閉鎖的になってしまったのも「歪んだ社会」のためである、という主張は、別にこれは林だけに固有の考え方ではなくて、「時代の弊害」を嘆くいわば当時の「良識」でもあった。たまたま「新建築」の月評欄を担当して、それもその最初に批評をする月に掲載された巻頭文がこの林の論文だったために私が個人的に鮮明に記憶しているだけである。こうした論調はほかにもさまざまなかたちであったように思う。建築は社会の鏡である、その純粋な反映であるというこうした考え方は、むしろ常識であったといってもよい。

医療が隔離という排除の仕組みによって成り立っている、あるいはいまの学校がまるで滅菌処理された工場のようであるというような、施設の空間構成に対する批判がそのまま制度の批判になるといった構図と、建築が閉鎖的になってしまうこともオープンスペースが失われてしまうことも社会が悪いという論調とはじつはまったく同じ基盤をもっている。空間は制度あるいは社会状況に一方的に従属するという考え方である。さらに林の論調に特徴的なのは、その構図を私たち設計者はただ受け入れざるをえないという非常に醒めた意識である。ことわっておくが、私はなにも十八年も前の記述をもちだして、それをいまになって批判しようとしているわけではない。いまの私たちの意識にしたってこの林論文とほとんど変わっていないということをいいたいのである。

むしろ、そうした意識はより広く受け入れられるようになってきているようにも思うのである。

建築をつくることで逆に制度のほうをどうにかするなどというほど制度の側は軟弱じゃないよ。ひとつやふたつ建築が変わったって、社会状況がどうにかなるなんてこともないだろう。そうした醒めた意識は当時も、そしていまだって私たちの意識の底に堂々と潜んでいるはずである。

建築家＝自動筆記機械

もし建築が制度の単純な反映でしかないなら、建築の設計者というのは制度を空間に変換するたんなる自動筆記機械のようなものである。制度を空間に翻訳する翻訳技術者である。彼ら（私ら）は制度と空間とのあいだをとりもついわば中間業者みたいなもので、その主体性が問われることなどない。そうでなくては建築は制度の忠実な反映にはなりえないはずである。げんに社会通念としては建築設計者はただの中間業者である。上記の医療空間に対する批判が、あるいは学校という施設に対する批判がそのまま制度批判に直結して、その医療空間や学校という施設を設計し構築してきた設計者に対する批判がそこにあるわけではない。たんに中間業者として素通りされて無視されているだけである。

建築のつくられ方の欠陥、閉鎖的になってしまったり、オープンスペースが失われていってしまったりという欠陥は社会状況の欠陥ゆえであるという主張も、これもやはり今度は設計者の側からの中間業者的な醒めた意識である。設計者には責任がないというよりも、むしろ設計者に責任をとらせてもらえるような、そんな構図になっていないという意識である。でも、ほんとうにそうか。こうした建築をつくってきた彼ら（私ら）はその制度に対する批判や社会状況の欠陥として見えるものとは無関係か。

たしかに、いまでもこのあたりの話はきちんと始末がついていないように思う。設計者の側の意識は十八年前とほとんど変わっていないようにも見えるし、設計者に対する期待も、社会通念としてはせいぜい制度から空間への翻訳技術者である。設計者の主体性が問われるような場面はほとんどないといってよい。主体性はその設計を発注する側にあって、発注者の思想を受けて設計者は、多くの場合それを空間へ翻訳する技術者でしかない。それもほとんど自動翻訳機のようなオートマティックな方法を期待された技術者である。

そう考えると、たしかにいろいろと合点がいく。なんで日本では建築学科が工学部にあるかとか、建築計画学がなんで設計作法の中心にあるかとか、なんで設計者を設計料の多寡だけ（入札）で選ぶのかとか、みんな合点がいくのである。自動翻訳機械だからである。制度と空間とを調停する中間業者でしかないからである。設計者の主体性など問わなくても建築はできる。できるようになっている。自動翻訳機になりきるための技術を学ぶのが大学である。設計者の主体性などというものをいちいちもちださなくても、できるだけオートマティックに建築をつくりだせるような作法の開発が建築計画学である。設計者の主体性などといったところで、しょせんは個人芸じゃないか。そんな個人的な思いつきに任せて建築をつくるなどといった構図はできるだけ排除すべきだ、という強い思いがいままでの建築計画学の基盤である。たんなる制度から空間への中間業者なんだから、それに制度はきちんと整備されているんだから、制度から空間へ移行させる方法もその技術も蓄積されているんだから、誰が設計したって一定の水準を保てるようにすでになっている。とくにそれが公共の建築の場合だと、発注者はいわば制度の中心である。主体性は制度の側にある。その建築の「内容」まで発注者の側でほとんど決められているんだから、設計者を設計料の多寡（入札）で選ぶのは当然じゃないか。

つまり、設計者の作業が「自動翻訳機械」という「中間業者」であるかぎり、この構図を変えることはほとんど不可能に近い。それは私たち設計者の外側からの構図である以上に私たち自身がみずからつくりあげた構図なのである。

「建築言語」を鍛えあげる

私たちは自動翻訳機械ではない。むしろ個人芸と思われているものこそが私たちの仕事の中心なのだ。そう言いきったのが磯崎新である。磯崎の本意は制度と空間の中間に位置する中間業者のような役割を無効にさせることだった。制度の忠実な反映でしかない建築という概念を解体させることだった。そうでなくては設計者の主体性が問われる場面なんて金輪際やってこない。七〇年代から八〇年代にかけて、磯崎はそれをひとつひとつの作品のなかで具体的に実証していった。このあたりの経緯に関してはすでに八束はじめが正しく指摘しているので[1]、ここでそれを繰り返すつもりはないが、磯崎のその奮闘によって設計者の役割は少し変わった。あるいは、にもかかわらず変わらなかった。

結論を先にいってしまえば、といってもそれはたんに私個人の実感でしかないのだけれども、構図自体はどこも変わらなかった。あいかわらずいまでも私たちは自動翻訳機のような役割を演じつづけている。変わったのはその変わらない構図の上に、いかにもデコレーターかパッケージデザイナーとでも呼べるような表層デザイナーの役割を演じるようになったことである。「従来の制度を忠実に空間に移し変えるような役割は、それは厳密に担ってください。そのうえでそこに抵触しない程度に芸術的な才能を十分に発揮してくださいね」というような趣なのである。磯崎が意図した個人芸という視点は、それは従来の構図そのものを解体させ、まったく新しいパラダイムをつくりあげるためのもっとも重要な概念だった。そのために「個人芸」などといかにも私的に見える概念がどれだけ歴史に拘束されているか、その個人芸がどのように歴史を構築してきたか、つねに、それも非常に注意深く解説してきたのにもかかわらずである。

ところが後続の設計者たちにとっては、この表層デザイナーのような役割はむしろ好都合といってよい役まわりだったのである。何が好都合だったかというと、さまざまな硬直した制度や規範と渡りあう煩わしさから解放されて、つまり制度は制度としてそのままにしておいて、もう一方の表層デザイン的設計に没頭できるようになったからである。そういう意味では磯崎のもくろみとは別なところで、それは建築家の新しい働き場所だったのである。ひょっとしたら建築家と呼ばれるような職業がこのときはじめて社会的に認知されたんじゃないかと私はひそかに思っている。表層デザイナーとしての建築家である。それまではなんだかよくわからなかった建築家と呼ばれている人たちの仕事は、通俗的にはいまとりあえずそんな表層デザイナー、パッケージデザイナーと理解されて納得されているはずである。あのバブル経済の時期（ポストモダン風パッケージ）を通過して、それはほぼ決定的になったように思う。多くの建築家、アトリエ派も組織事務所も入り乱れて、これは願ってもない働き場所であった。そして一方、それは公共建築の発注者側からみても好都合だった。建築家の役割を表層デザイナーの役まわりのところに閉じこめておくことができるからである。制度に直接抵触するようなことにはお前たち口を出すな、というわけで、私たちの役割はいまだに制度から空間へ、自動的に翻訳する自動翻訳機械である。十八年前の状況と何も変わっていないどころか、むしろそれがより徹底されてしまっているように思うのである。

じゃあどうしたらよいのかといって、名案があるわけではないけど、でもこの中間業者的な役割だけはなんとか払拭したい。それにはやはり林昌二の時代に始末をつけなかったところにもう一度戻るしかないように思うのである。あるいは磯崎が「個人芸」こそ重要だといったときに、じつは棚上げにされて背後に隠されてしまった言葉をもう一度拾いあげてくることである。八束はじめによれば、その背後に隠されてしまった言語は「政治言語」である。「「政治言語」を断ち切ることによってしか、新しい地平は見えてこない」[2]と磯崎がいうときの、その「政治言語」というのは、制度と空間との関係についての言語である。でも、ひょっとしたらそれは「政治言語」などではなくて、「建築言語」そのものではなかったのか。その関係を「建築言語」として鍛えあげる努力を私たちは長いあいださぼってきたんじゃないのか。いまだに建築は制度の忠実な反映であるということを多くの人たち（私たち）が受け入れてしまっているのもそのためじゃないのか。制度から建築へ、そんなに単純に自動翻訳機のように変換できるわけがないだろう。そんなに事は単純じゃないだろうという私たちの実感は、そこにはつねに設計者の意志や思想が介在しているという実感である。でも「建築をつくることで逆に制度のほうをどうにかするなどというほど制度の側は軟弱じゃないよ。ひとつやふたつ建築が変わったって、社会状況がどうにかなるなんてこともないだろう」というのもたしかにもうひとつの私たちの実感である。その相互に矛盾する実感にどうけりをつけたらよいのか。

隔離することでいまの秩序は保たれている

それは、じつはきわめて簡単な話じゃないかと思う。もし冒頭で述べたように制度と建築空間とがそれほどまでに密着しているなら、たんに建築が制度の反映としてのみ存在しているのではなくて、その逆、建築が制度の側をどうにかするということも当然ありうるはずである。いや、げんにそうなっている。建築は制度そのものだ、ということは制度は建築そのものなのだ。非常に単純化していってしまえば、制度とはカテゴライズすることである。それが「何ものかである」という枠組みを決めることである。そしてそのカテゴライズされたものたちを相互に隔離する役割を担っているのが建築である。「日本の医療と隔離という排除の思想とはいまでも密接な関係をもっている」ということはたぶん現実だろう。でもそれはたんに医療施設のみに限らない。あらゆる建築は隔離施設である。学校も住宅も、美術館も図書館も劇場も、あらゆるビルディングタイプは相互に隔離された施設として、場合によっては周辺環境からも隔離された施設として計画される。そして非常に不幸なことに建築は、現実にそうした隔離施設のように閉鎖的なものになってしまっている。十八年前の林昌二の指摘のままだ。「隔離という病」は何も医療空間だけではなくて、いまの建築空間すべてにあてはまる「病」であるといってよい。それが隔離された空間だからこそ、その隔離された内側だけの問題として建築を取り扱うこともできる。建築家が隔離された箱の表層デザイナーになってしまっているという構図については、すでに述べてきたとおりである。

いまできあがっている秩序(カテゴリー)を平穏に保っておくためには、カテゴライズされたもの同士をなるべく相互にかかわらせないほうがよいということが、どうやら前提になっている。それがいまの、とくに日本の秩序の原型じゃないのか。それを官僚主義といって片づけてしまったら、また話はもとに戻ってしまう。官僚主義が悪いから、それでは堂々めぐりだ。「病」は私たちの側の問題なのである。

隔離施設として建築を位置づけて、それを実際につくることで制度ははじめて実効をもつからである。つまり建築の即物的な力を借りてはじめて制度は成り立っているといえる。隔離施設のような建築によって、いまの秩序がとりあえず保たれている。とすれば、すでに私たちはその秩序をつくりだしている仕組み（制度）に深くかかわってしまっている。むしろそうした仕組みを正当化し、補強する役割を担っているといってもよい。もし仮にその制度自体に欠陥があったとしても、それでもその制度をいかにも正当であるかのように仕立てあげてしまうような役割をみずから演じているわけである。悪くいえば粉飾しているわけである。つまり制度といっても、それはいわば一種の仮説にすぎないように思うのだ。その仮説にもとづいて建築が実現することで、逆にその仮説が認知され、いかにも正当であるということが「実証」されるという構図[3]になっているのではないか。建築がそれを補強して、たんなる仮説を正しい「制度」に仕立てあげている。建築は制度であるというのは、そういう意味である。制度が悪い（社会が悪い）などとそれがいかにも私たちの外側にあるようなふりをしても、あるいはそれをどんなに「政治言語」として断ち切ろうとしても、すでに私たちは制度に深く深くかかわってしまっている。

制度はそんなに強固ではない

もしそうだとしたら、逆に建築をその決められたカテゴリーから多少でもずらすことができれば、あるいはこの隔離施設をできるだけ相互に関わるようにすることができれば、その境界をあいまいにできれば、それだけでもいまの制度を多少でも柔軟にすることぐらいはできるはずである。つまり、私たちが思っているほど制度は堅く固まってしまっているものではないように思うのである。繰り返すけれども、それを堅く固めてしまっているのが建築なのだから。そしてそれはすでにさまざまなかたちで試みられてもいるように思う。たとえば北山恒・芦原太郎の設計した白石市立白石第二小学校（「新建築」一九九六年十一月号）の教室の建具はすべて開放可能である。教室が直接町のなかに開放されているような趣なのである。どこまでが小学校なのか、その境界がまったくあいまいにできている。それだけで変わってしまう。従来の画一的な教育のシステムを根底から変えてしまうような、つまり教育にかかわる人たちの意識を根底から変えてしまうような仕組みを建築の側が準備しているのである。あるいは、シーラカンスの千葉市立打瀬小学校（「新建築」一九九五年七月号）でも、あるいは我田引水になるけれど、私たちの設計した岩出山町立岩出山中学校（「新建築」一九九六年六月号）でも、多少でも従来の閉鎖的な関係を変えるだけで、それだけのことで隔離施設のような学校が変わる。つまり制度の側が変わらざるをえないようなことが、私たちが思っている以上に簡単に起こりうるのである。いや、それは簡単ではないかもしれない。そうした制度を変えたいと思っている人たちが一方にいたからこそ可能であったのだとは思う。でも、そうした人びと、いままでの隔離施設のような建築ではもうだめだと思っている人たちも大勢いるはずである。建築を待っていてくれている人たちである。たんなる表層デザイナーとしてではなく、いまの制度自体を変えるための最初のきっかけとして建築を待っている人びとがいる。彼らを裏切らない努力はこっちの側の問題なのである。もし建築家に主体性のようなものが真に問われるとしたら、私たちの働き場所はそこにしかないように思うのだ。

（1997.12）

注

（1）八束はじめ「ニヒリズムを超えて」、「新建築」一九八九年九月号。

（2）前掲論文。

（3）本書「建築は仮説にもとづいてできている」参照。

建築の社会性

洗面所や浴室のようなウォーターセクション、そして台所を窓側に寄せるというアイデアは六年ほど前に民間の集合住宅の設計を依頼されたときに思いついた。その集合住宅の立地が横浜駅のすぐ近くだったから、たんに住宅としてだけではなくてオフィスのようにも使われるだろうと思ったのである。だったら住宅にもオフィスにも使えるようなユニットが考えられないだろうか、というようなことが発端だった。ウォーターセクションと台所を窓際にもっていってしまうと、そのユニットの玄関側が自由になる。単純にそう考えたのである。そのプランは描いてみると、さまざまに可能性がありそうだった。プランが非常に単純化される。ひとり住まいのような小さなユニットでも複数人が共有するような大きなユニットでも、その大きさが自由に調整できるのである。単純に梁間方向の界壁の位置を変えるだけで大きさの変化に対応できる。集合住宅を設計していておもしろくないと思うのは、ひとつのユニットの大きさがあらかじめ与えられてしまうことである。それはひとつの家族がひとつのユニットに住むということが前提になっているからである。でもその家族専用住宅を実際にはオフィスのように使ったり、仲間同士でシェアして共同で大きなユニットに住むなどということが現実に起きてしまっている。そうした住み方に自由に応じられる、というよりも積極的にそれを誘導するようなユニットができないかと思ったのである。でも、これは民間の、それも分譲住宅だったために実現しなかった。これでは分譲住宅としてあまりにも一般性に欠ける。たしかに分譲住宅というのは自分の住まいというよりも一種の資産として購入するわけだから、誰にとっても過不足がないといったような一般性がないと売れない。つまり、いまの分譲住宅マーケットで流通可能なものでなければ売れない。というわけでボツになってしまった。

それを東雲《しののめ》の計画で試したいと思った。東雲は都市基盤整備公団のプロジェクトである。日本の住宅の形式をつくってきた国の組織である。その公団がいままでの郊外の住宅地開発ではなくて、都市の中心に賃貸住宅群をつくるという計画である。都心の高密度住宅の計画にはこのウォーターセクションと台所が窓側にあるというプランはその使われ方を考えるときわめて適当だと思ったのである。ただ、あまりにも従来のプランと違う。ということで公団側としては当然のことにかなりとまどったようだった。たまたま新潟でワンルームマンション（バンビル、二〇〇一年）を設計してくれないかという依頼があったので、だったらまずそこで実験してみようと思ったのである。

写真1　バンビル（2001年）、窓際に配置された水まわり

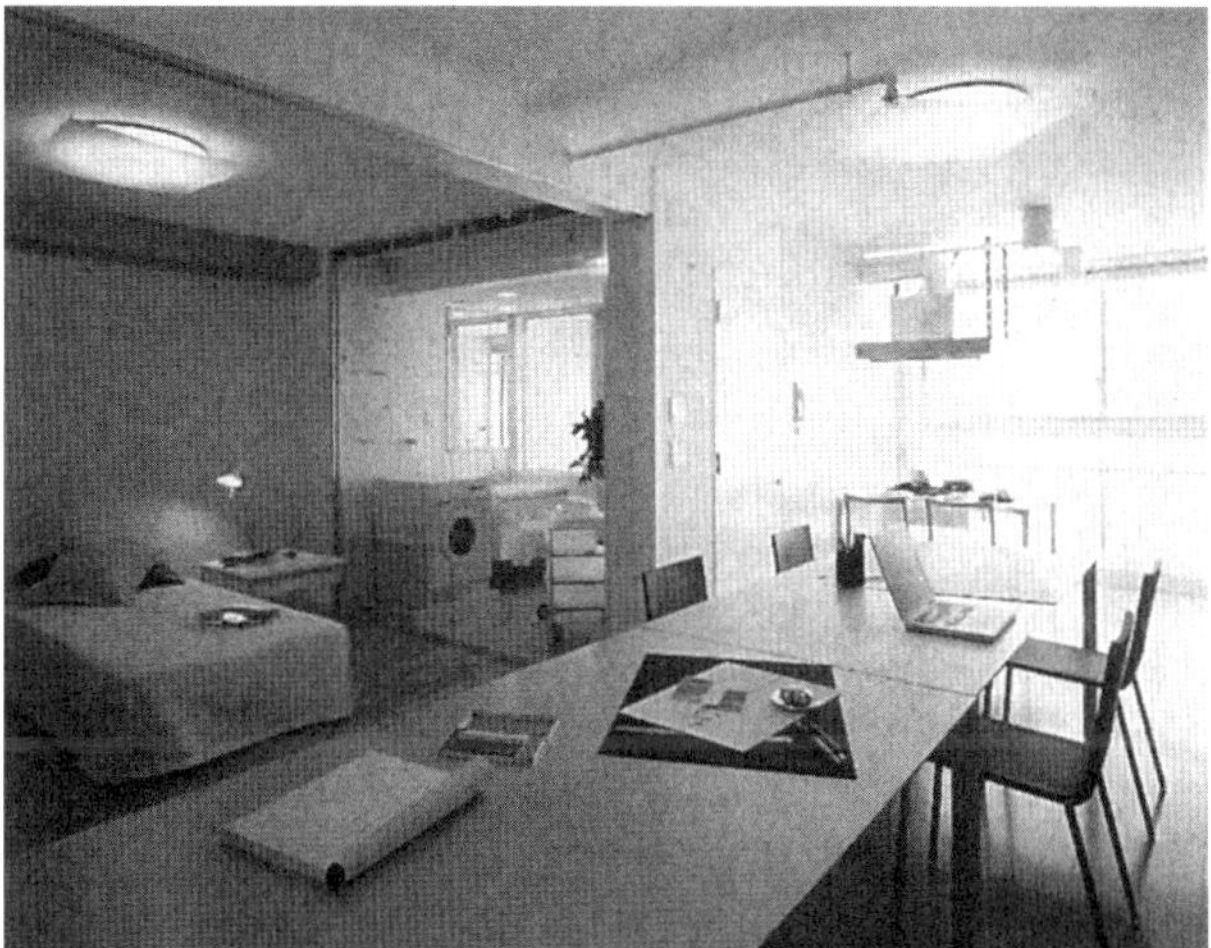

写真2　公団東雲キャナルコートCODAN 1街区（2003年）

窓際水まわりは思った以上にうまくいった。ウォーターセクション経由の採光は十分、玄関側が開放されるので使い勝手もよい。ウォーターセクションがガラス張りになってもブラインドで視線を調整すればなんの問題もなさそうだった。むしろ外光に満ちた浴室は従来の真っ暗なユニットバスに比較してずっと快適そうに見える（写真1）。公団の担当の人たちにも見てもらって、これなら思ったよりもいけるんじゃないかという実感が共有されたように思う。ちなみにこのワンルームマンションは竣工したとたん、あっという間に満室になってしまった。そしてさらに東雲の現場でもモックアップをつくることにした。ベーシックユニットと呼んでいる広さ五五平方メートルのもっとも単純なユニットのモックアップである。水まわりは窓際、間仕切りはすべて可動で取り外して収納できる（写真2）。そして玄関ドアの素材として透明ガラスを試してみたいと思った。つまり、玄関部分が外側の廊下から素通しになるわけである。そうすればここをショーウインドウのようにも使えるし、パーティションを奥に移動して玄関部分を広くすればそこを事務所のようにも使える。たとえば編集事務所や建築の設計事務所、デザイン事務所、あるいは自分のつくったものをそこに展示してショールームのように使うにはちょうどよいといったユニットである。こう書くとなんだか過激な住宅だと思われるかもしれないけれども、実際にこれができてみると、ふつうだなあという印象なのである。このモックアップを見学にきた多くの人たちの意見も同じだった。なんだ、けっこうふつうだなあ、なのである。

ふつうにという意味が変わってきてしまっているのだと思う。住宅が一方で仕事の場所になってしまっているのはすでにふつうのことだし、そこに住む住み方も従来までのように夫婦と子供という家族単位を必ずしも前提としていない。家族単位を前提としないことが、とくにこうした都市の中心に住む場合はふつうなのである。だから、仕事の場所にもなる可能性をもったこの住戸ユニットがふつうに見えるのだと思う。私たちはできるだけ多くのユニットの玄関部分を開放的にしたいと思った。それとできるだけユニットのバリエーションを多くしたいと思った。たんに家族のための住宅としてではなく、さまざまな用途に使うことを可能にしたいと思ったからである。最終的にこうした玄関がガラス張りのユニットは全体の六割程度を占める。残りの四割は従来どおりの鉄の扉で廊下から隔離された家族専用住戸ユニットである。全部で四百二十戸、延床面積五万平方メートルの集合住宅である。容積率三九四パーセントという数字は、従来までの専用住宅の集合だったらほとんど不可能といってよいほど高い密度である。でも、北側で一日中日が当たらなくても、それがオフィスのように使われるのだったらそれほど悪い環境ではない。こうして、そのユニットの性格によって住棟のなかのどの位置にどのユニットがきたらよいかを決めていったのである。つまり、住戸ユニットの性格がそのユニットの配列のシステムを決め集合の形式を決め、住棟の計画を決めている。住戸ユニットの性格が従来のものとはまったく違っているからこそ、こうした高密度がまったく気にならない。というよりも、その高密度がいままでにない新しい都市の風景をつくっているように思うのである。

一方、廊下側から見ると、中廊下に向かって開放的な住戸の配列は従来までのような、たとえばユニテのような真っ暗な中廊下とはまったく違う。住戸を通じて外光が十分に中廊下まで届くからである。この景観は集合住宅の中廊下というよりもむしろ街路のような景観である。その街路のようなところに各ユニットのガラスドアが並んでいる。

こうした住棟計画もさらにその住棟が集まった地域計画も、従来の専用住宅とは違った多用途の居住ユニットを前提とすることで成り立っている。つまり、各住戸の計画が先にあって、それを前提にして全体の計画が決められているわけである。それはいままでの地域計画とはまったく逆転した計画の方法である。つまり地域の全体計画があって、その後に住棟の計画があって、最後に住戸のプランが決まるというような、大きなスケールから徐々に小さなスケールの計画に移行するというような方法とはまったく逆転した方法だという意味である。個々のユニットのキャラクターが、つまりここでどのような生活を想定するのか、それが四百二十戸の配置計画を決め、さらには最終的に二千戸の全体計画を決めているのである。その全体計画のなかには保育園、学童保育の施設、コンビニ、二十四時間営業のスーパーマーケット、レストランなどが含まれることになった。さらに高齢者のための施設、スポーツクラブなどここに住んで働く人のためのさまざまな支援施設がつくられる（写真3・4）。そうした支援施設が充実していないと、働く場所であり住むための場所としては機能しないからである。ベーシックユニットという、たんなる住宅でもない、たんなるオフィスでもない、そのどちらにでもなるような新しい形式のユニットを想定することで全体の計画もまったく変わってしまうのである。

写真3　公団東雲キャナルコート、1階には店舗、保育園などが入る

写真4　同、街路空間

邑楽《おうら》町役場のコンペ（二〇〇二年）で、私たちはまったく新しい建築の工法を提案した。五〇ミリメートルの角パイプを使ったほとんど仮設建築をつくるような工法である（図1）。その五〇ミリの角パイプで二二五〇ミリ×二二五〇ミリ×七五〇ミリのフレームをつくる。それがひとつのユニットになって、そのユニットを組み合わせることで建築をつくろうというわけである。いわばおもちゃのレゴのような建築である。そのために新しい接合方法も開発した。溶接するのではなくて、鉄のベルトでフレームユニット同士を結びつけてしまうのである。世界初の試みである。この工法なら増築、解体自由自在、建築が家具のような気軽なものになる。気軽なものになるから設計も自由である。もともとこの工法を提案したのもその自由さを手に入れたいと思ったからである。これなら設計の過程を利用者たちと共有できると思ったのである。だからコンペの段階では明確な平面計画は描かなかった。というわけで、基本設計が終了するまでに私たちは二十二回も平面図を描きなおした。そのつど住民、利用者、行政側のスタッフと話し合うのである。それが自在にできる。それは私たちにとってもまったく新しい経験だった。住民のなかから立候補した四十五人の建設委員会の人たちとそのつど話し合う。多目的ホールをどう使うのか、町役場を町民に開放するということはどういう意味なのか。議会棟はどこにあったらよいのか。この町を含めて近隣三町が合併して新しい行政区ができる予定があるけど、それでも議会棟は必要なのか。工事会社はどう選ぶのか。ベルト接合という特殊な工法だけどほんとうに構造は大丈

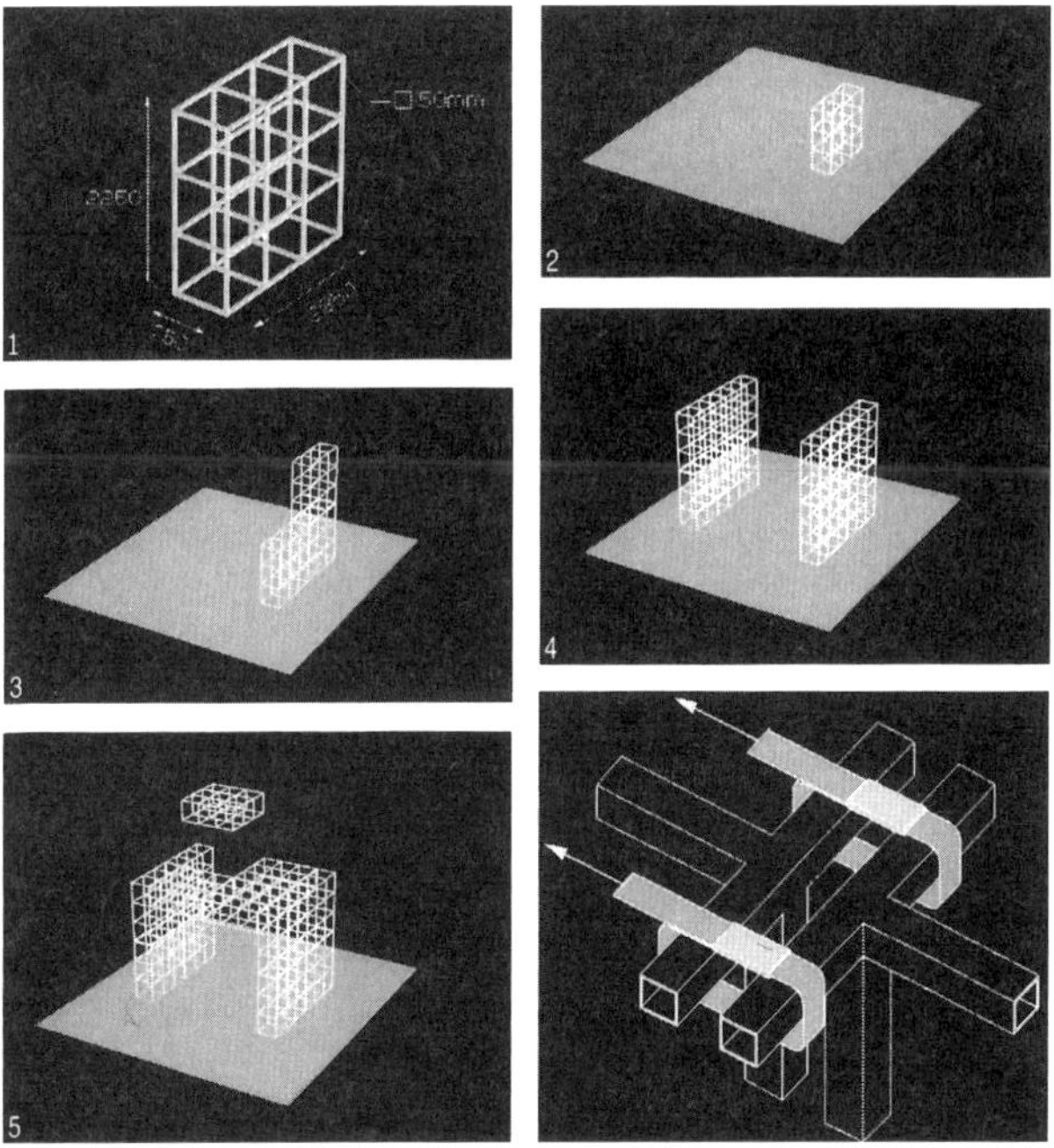

図1　邑楽町役場庁舎コンペ案（二〇〇二年）、ユニットによる組み立て過程

夫なのか。私たちはもう、ほとんどありとあらゆることを話し合った。それでも、結果的にはこの工法に誘導されるように話し合いが進んでいったように思う。優れた建築をつくりたいという思いは私たちに増して建設委員会の思いであった。だから建築が徹底して期待される。私たち設計者に対して大きな期待がある。建築がコミュニケーションのためのツールのようになっていった。

敷地の大きさに恵まれていたということもあって、約一万平方メートルの建築がすべて平屋で構成されている。構造的な制約で二二五〇ミリ×二二五〇ミリ×七五〇ミリのフレームが一軸方向に並ぶ。最初に描いたイメージとはかなり変わってきたけれども、むしろはるかにおもしろい建築になりつつある[1]。

アルミの住宅は量産することをめざしている。できるだけ少ない押出し部材で多様な住宅ができないか、それが私たちに依頼されたことである。アルミの押出し部材は直径一〇インチのビレット（円柱）径をこえると、とたんに高価になるということらしい。つまり直径二五四ミリのシリンダー径の範囲をこえない断面形状にするということである。私たちはX字型の断面をいくつも組み合わせて構造壁をつくることにした（図2・3）。継ぎ手を工夫すれば十分な耐力を得られる。何よりもアルミの総重量をかなり軽減できそうだった。もしこれを廉価につくることができれば、従来の施工方法とはまったく違う手順で住宅がつくれる。むしろその手順を変えることが

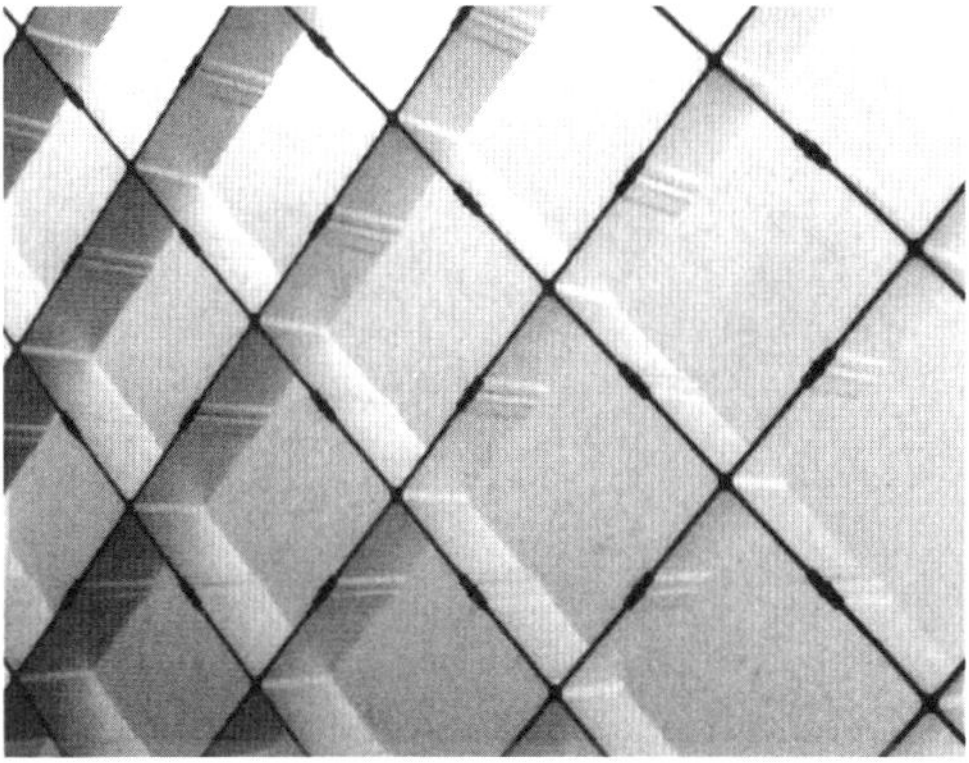

図2（上）　エコムスアルミニウムプロジェクト（二〇〇四年）のモデルハウス
図3（左）　同、構造壁のディテール

廉価な住宅をつくることにつながると思うのである。アルミという素材を使うことで、いままでとはまったく違う生産システムをつくることができる。アルミは一〇〇パーセント、リサイクル可能な材料である。生産システムだけではなくて、この材料を使うことで販売の仕方も変わると思う。つまりレンタルの住宅である。いらなくなったらメーカーに引き取ってもらう。建築がまるで工業製品のようになっていくようなのである。

私たちはさまざまなプロジェクトに関わる。でもその関わり方はつねに違う。建築をつくるということに関しては同じでも、そのつくり方がつねに違う。そしてひとつのプロジェクトに関わるたびにさまざまな問題に直面する。そのさまざまな問題もそのつど違うのである。同じ問題は二度とない。そしてその問題の多くは、外側からくるというよりも、どうもこっちの側でつくっていることのほうが圧倒的に多いように思う。自分の内側にもっている意識が建築をつくる場面で、そのつどさまざまなかたちで呼び起こされて噴出してくるようなのである。つまり問題といっても、その発端はひょっとしたら個人的な問題である。その個人的な問題が建築をつくる場面で私以外の他の人たちに対してもなんらかの関わりをもってしまう。その関わりをもってしまうことを社会性というような言葉でいうのだとしたら、その社会性というのは本来個人的なものである。その個人的なものを他の多くの人たちと共有しようとする意識のようなものである。だとしたら、こっちの側から建築は社会的なものだ、などということは図々しいことだとは思うけど、やはりそれでも建築は十分に社会的なものだと思う。どのような経緯でできあがったとしても、それがどんなに個人的なものであったとしても、できあがってしまった建築はひとつの「環境」になってしまうからである。

(2003.9)

注

(1) 二〇〇二年の公開設計競技で最優秀賞を獲得した邑楽町役場庁舎案は、翌年十一月の選挙で当選した新町長により二〇〇五年になって一方的に凍結された。現在の庁舎は二〇〇六年の指名コンペで選ばれた別の設計事務所による。

Ⅳ　領域論

領域論試論

1　領域への出発

一冊の写真集を前にして、われわれの方針はまだ一致しなかった。そこには不思議な、しかしわれわれにはすでに見なれた光景が写しだされていた。頂きのミナレットを中心にして、丘の四方にひとつの有機体のように群棲する白い住居、そしてそれがかつてル・コルビュジエによって熱っぽく語られたあのガルダイア（Ghardaia）であることも知っていた。しかしここからガルダイアまでは、アトラスをこえ、なおサハラ砂漠を何時間も走りつづけなければならない。それにしそのガルダイアがたんにコルビュジエの手法の原型としてのみ価値のある場所だとしたら、あのアルハンブラも、バレンシアもすっぽかして、ひたすら歴史的時間から見放されてしまった集落だけを追い求めてきたわれわれには、それほど興味のある対象とはなりえない。しかしコルビュジエでもなく、ガルダイアでもなく、ただ砂漠を一目見ようというそれだけの理由がわれわれ

写真1　アルジェリア、ガルダイア

にアトラスごえを決断させた。

一直線にどこまでも延びるアスファルトの道、透きとおった炎のようにゆらゆらと立ちのぼる陽炎、砂漠は無限に続く単調な平面だった。なんの境界も特異点もない、ただ均質なだけの平面は、たしかにわれわれの日常的な体験からはほど遠いものだった。われわれの体験してきた自然は、その断層や裂目、あるいは高さや低さを示すことで、つねに人間の生活の気配を感じさせるものであった。われわれが自然あるいは地形のもつさまざまな表情を手がかりにしてその生活をつくりあげてきたのだとしたら、降雨量が少ないとか陽射しが強いとかいう以前に、ただ単調で均質な平面は、それだけで人間の生活からほど遠い印象を与えるに十分だった。

そしてガルダイアはその砂漠が裂けたところにあった。「ムザッブの谷」と呼ばれている砂漠の裂け目のなかに点在する五つの丘のひとつひとつが都市になっているのである。そのひとつがガルダイアである（写真1）。

すでに夕暮れに包まれて、ミナレットから流れるコーランの声を聞きながら、はるかに眺めるその丘の姿は、写真からは想像もできない、なにやら秘密めいた幻想性を包みこんでいた。その秘密結社のようなたたずまいは、明らかにわれわれを拒んで、まったく異質な彼ら独自の世界をつくりだしている。頂きの塔を中心にして丘全体に広がる住居の群れは、丘の底辺でそこから先へは広がることをやめて、はっきりと境界を形づくっていた。それは目に見える境界であると同時に、われわれを中へは入れない、つまり意識としての遮蔽物でもある。塔や住居の配列、そしてそれらがつくりだす境界は丘と一体になってわれわれの前にその全体像を見せていた。それはわれわれのもつ世界と彼らの世界との差異そのものだった。いわば彼らの世界観が見えている。そしてそれはけっして丘の全貌によってのみ確かめられるのではなく、強い陽射しのなかで濃い影を落とし、網目のように集落全体を編んでいる細い道も、その道に固く表情を閉ざしている住居も、道の端にそっと置かれているモスクも、そしてどのような小さな部分をとりあげてみても、すべては彼らのもつ世界の表現であり、それらはそのものであるとともに、その意味を同時に伝えるメディアでもあった。

われわれの有する境界はたんに風や光や熱や音をさえぎるための物理的な遮蔽物でしかなくなりつつある。そしてそのようなもので構成され規定される領域は、数字や量に置きかえられ、その意味を内包しない均質な空間でしかない。われわれはすでにサインや言語や文字を頼りにしなくてはその領域の意味さえわからなくなってしまった。それはまさにあの砂漠のイメージに一致する。砂漠が無限に広がるかのように、われわれのもつ領域は、均質にそしてどこまでも広がってゆく。

われわれは砂漠に住んでいる。いくつもの集落を訪れ、そして興奮するたびに、何度も何度もわれわれはそう思わざるをえなかった。もはやわれわれは彼らの住む、そして豊かな意味を内包し表出するあの〈オアシス〉へ、ふたたび帰ることはないのだろうか。

2 観察

a 前提

私たちの考察は具体的に現象するものの観察から始められる。しかし考察が具体的現象の観察によって裏づけられる場合であっても、観察が無前提におこなわれるわけではけっしてない。というより、むしろその前提こそが観察の方法を決定し、したがってすでにわれわれの姿勢を、そして考察の限界をも明らかにするものでなくてはならないはずなのである。

もし集落の構造あるいは全体性やその意味と呼ばれるものがわれわれのめざすものであるとするなら、それらは空間あるいは形のレベルに表出されているはずだという期待がわれわれにはあった。それは期待であると同時に前提でもあった。つまり、重要なのは現在的になおかつ具体的に目に見えている形であり空間であり、またそのあり方にほかならない。時間的にさかのぼるその歴史的時間性や起源、あるいは空間的広がりをたどることによってもたらされる伝播の源などを仮定する必要はまったくないし、われわれの目に映らない自然条件を考慮する必要もない。むしろそれらは意識的に排除されてゆかなければならないのである。具体的に現象しているものを何ものかの進化の結果とし、その起源あるいは原形と進化のあいだに一定の方向性を予定する方法、あるいは自然の反映とみることによって、自然的な条件との因果関係を探り、その因果関係こそがそこに現象するものの本質であるという認識は、われわれの問題とはなんら関係しない。

しかしそれが歴史的起源や進化、あるいは自然的諸条件との因果関係ではないとしても、それだけでわれわれが歴史や自然から解放されて、さまざまな現象を考察できることを意味するものではない。ただその歴史や自然は、空間的・時間的に局限された、個別的・具体的集落あるいは社会集団の諸現象のうちにすでに内包されたかぎりでの歴史であり自然である。それはわれわれの側の概念のうちですでに方向づけられた歴史や自然ではなく、彼ら独自の歴史であり、彼らの解釈する自然である。

つまりさまざまな集落をアノニマスと呼び、自然発生的としてでしか認識できないとしたら、それをつくりだした人々の意志や意図は顧みられることなく、われわれのすでに方向づけられた概念に頼って、その自然発生の原因や結果あるいはその過程を考察せざるをえない。ここに考察の枠組みはわれわれの側にのみあって、彼らの側には存在しないものとなる。われわれが空間的・時間的に局限された個別的・具体的集落に限定するのは、そこに彼らの意志や意図、そして彼らの独自の秩序体系によってつくられる彼ら独自の世界を認めようとするからにほかならない。必ずしもそこでは、歴史や自然そしてその他の概念がそれぞれの位相において体系化されているとは思われないが、それらは分離されないまま、あらゆる現象のうちに貫徹し、彼らのつくりだす形や空間のうちに表出されているはずなのである。形や空間は、そこに住む人々に固有の世界観そのものである。まして、われわれによって方向づけられ規定された進化の概念や機能の概念などによって切断されてしまうようなものではけっしてないはずなのである。

実際、集落は彼らの自然とともにあった。その場所に固有の自然環境が彼らの住み方そして集落のあり方を決定しているという意味ではない。むしろ集落たちは自然に依拠し、依拠することによって逆に自然をわがものとし、ひとつの静的な風景として完結しようとしていた。城や教会がより高い場所にあるとき、その高さがすでに城や教会そのものであるように、集落の背後の巨大な岩やそびえる山、あるいはその下に流れる河や海はまさに集落と一体となって集落の全体像をつくりだしていた。つまり自然環境はあるがままの自然環境なのではなくて、すでに彼らによって解釈され評価された自然や環境なのである。静的な風景はそこに住む人の自然や環境に対する解釈の結果である。

われわれの考察は、たとえそれが印象的であったとしても、この静的な風景から始められねばならない。ここには自然も歴史も文化もすべてを内包した彼らの世界だけが存在している。

b　三つのタイプ

もしヨーロッパにおいてわれわれが通過してきたさまざまな集落の全体的印象を語ろうとすると、そこにはまったくその性質を異にするふたつの集落タイプが存在したということが、その印象の中心部分ではないかと思う。

ひとつは、中世的な面影をいまだに残して、すでにわれわれのうちに農業共同体として定式化されている集落である。必ず教会や城のような中心的施設を有し、風景のすべては、丘や谷や崖そして住居の配列をも含めてこの中心への指向[1]と、そして周縁、つまり境界の明瞭さによって特徴づけられる集落である。一言でいえば、すべては特殊な行事をするための舞台のようでもあり、そしてすべてが何か飾り立てられたような印象を与える集落である。中心の教会や城は当然のこととしても、その前の広場には樹木や花が植えられ、あるいはタイルで彩られた基壇やベンチが設けられる。そしてこの飾られたような広場を中心にして道は四方に延び、住居の配列をつくりだしている。道に面して隙間なく軒を並べる住居の壁は白く塗られ、その壁には鉢植えの花が吊るされている。住居の窓や入口の縁にはあざやかな色が塗られ、あるいは美しいモザイク模様のタイルが埋めこまれている。飾られた教会や広場につながる飾られた道はそのまま住居のなかへも入りこみ、ホワイエ的な飾られた部屋につながっていた。人々は気軽にこのホワイエ的な部屋へ入りこみ、そこに置かれた椅子に腰を下ろして世間話をしている。この部屋を強引にわれわれの日常的な言語にあてはめれば、客間あるいは居間と呼ぶことができるかもしれない。その奥には台所や食堂、そして便所や風呂が続いている。ここはもはや飾られてはいない。私たちの経験では、ホワイエ的な部屋までは喜んで迎え入れてくれても、そこから先へはなかなかわれわれを案内しようとはしない。おそらく寝室があるのだろう、二階へ上がろうとしたわれわれは厳しい口調で拒絶されてしまった。

住居の裏側には広々としたオリーブやオレンジの畑が広がっている。そのオレンジの畑は、同時に集落の境界でもある。境界は住居の配列や畑によってつくりだされるだけではなく、ときには自然の崖であったり、あるいは城壁が集落を囲いこむこともある。

このように中心と境界、そして住居の配列が明快であり飾られたような印象を与える集落を、その典型であるペトレス(2)（Petres）という村の名をとってここではペトレス型と名づけておく（写真2）。

このペトレス型とまったく対照的に際立った中心性も境界もなく、ペトレス型の印象が飾られたところにあるとすれば、むしろ日常の生活がそのまま露出しているような印象を与えるのがクエバス（Cuevas）に住む人々の集落であろう。彼らはまるで人々の目を逃れるようにひっそりと自然のつくる窪みのなかに生活している（図1）。

クエバスとはスペイン語で横穴式の住居形式を示し、一般の住居カーサ（Casa）とははっきりと区別されている。カーサとクエバスとが共棲することはない。

なだらかに起伏する丘の窪みは彼らの道であり、小さな広場でもある。この小さな広場に面して五―六戸のクエバスが掘りこまれ、広場を中心としたひとつのクラスターが形成されている。そして日常生活のかなりの部分がこの広場に露出しているのである。そこは子供の遊び場であり、道具置き場であり、洗濯場であり、仕事場でもある。台所もこの広場につくられている。クエバス・デル・アルム（Cuevas der Alm.）という村の例では、台所は他の部屋のように掘りこまれるのではなく穴の外に石で積まれ、それも各クエバスがそれぞれ台所を所有しているわけではなく、ただひとつの台所が広場を中心として構成されるクラスターの全員によって使用されていた。こ

写真2　南スペイン、ペトレスの集落

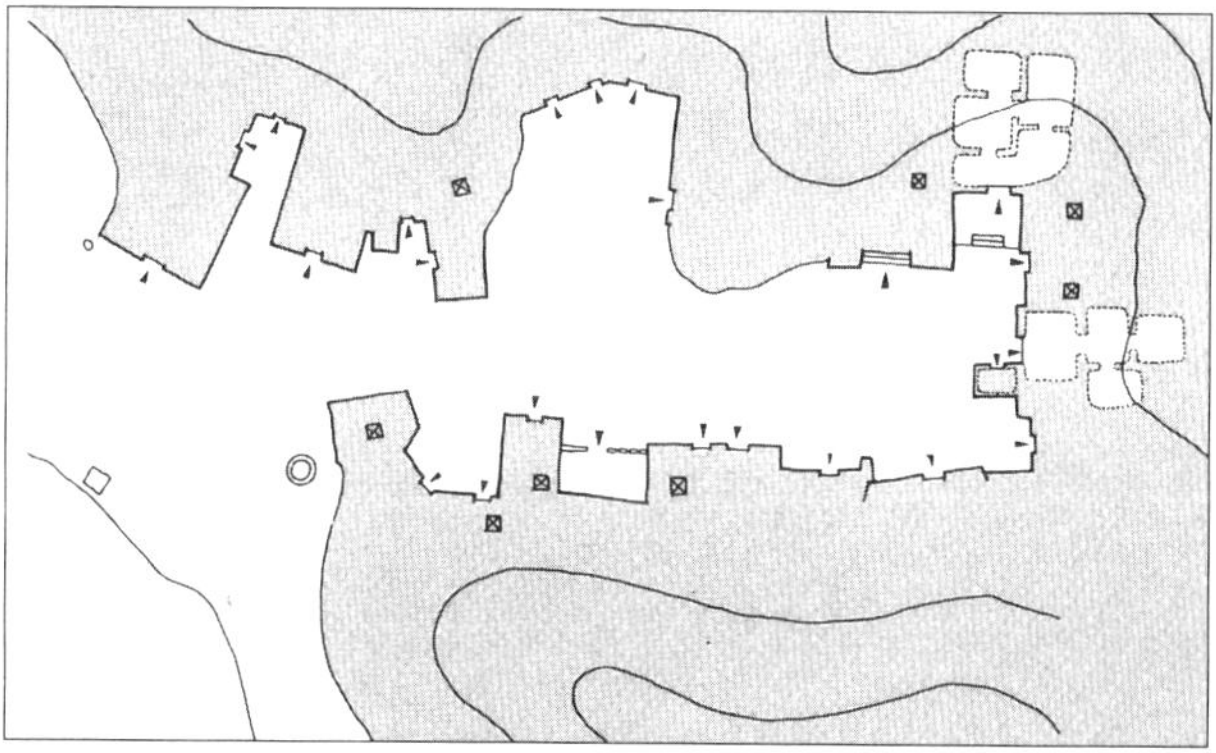

図1　同、クエバス・デル・アルムの集落

の広場は彼らにとってはたんなる外部ではなく、生活の内に入りこみ、生活のための重要な場所として意識されている。つまり彼らの生活にとっては内部の空間と同じなのである。われわれにとって印象的なのは、小さな広場を中心として営まれる彼らの生活であり、クラスターを構成する彼らの住居のあり方である。広場に面する彼らの住居にはペトレス型にみられたような飾られたホワイエ的な部屋があるわけではない。そこにはただ生活の臭いの充満した部屋が並んでいる。

　このクエバスによって構成される集落の形式を仮にクエバス型と名づけておくと、そこにはペトレス型との明らかな対比をみることができる。一方は中心的な施設をもち、その中心に向から指向性によって明確な配列と境界を生みだし、一方は中心をもたず、ただ広場を中心とした数戸によって構成されるクラスターがめだつだけで、集落全体はけっして明確な配置や境界をもっているわけではない。クエバス型の集落は、クラスターの単位は明瞭でも逆に集落全体の配列はむしろランダムに見える。

　しかし、ペトレス型とクエバス型との対比は、たんにわれわれが通過してきた南ヨーロッパの印象を語るときの分類であり、それが地中海あるいはその他のさまざまな集落すべてにあてはまる分類であるわけではもちろんない。とくに北アフリカの印象は南ヨーロッパの印象とはほとんど対照的といっていいほど異なるものであった。

　われわれにとって北アフリカ一帯、つまりマグレブと呼ばれる[3]地域の印象は、モロッコのテトアン、ラバト、あるいはマラケッシュ、フェズなどのメディナを訪れることで、すでに決定的であった。メディナはもはや集落と呼ぶより都市と呼ぶほうがふさわしい。喧噪と雑踏、そして観光客、大きな荷物をくくりつけられたロバを追う男の声、ここではわれわれもけっしてヨーロッパで経験したような異質な侵入者として扱われることはない。ここではすべての人が他人であり、他人同士の経済的な流通においてのみその接触が成立している。市場の喧噪はそのまわりの路地にも入りこみ、香料やハッカの茶を売る店、そして観光客相手のおみやげ屋が並んでいる。ところどころの小さな広場が布やジュラバと呼ばれる民族衣裳を織る店に専有され、路地や小さな広場は錯綜して迷路をつくりだす。

おみやげ屋の店頭の絵はがきにある風景を見て、われわれは一瞬共同洗濯場と錯覚した。しかしガイドに案内されたそこは、牛と羊の死骸、切りとられた内臓や首が乱舞し、悪臭のなかで裸の男たちが働く鞣皮工場であった。実際、このメディナには共同の施設などありはしない。モスクでさえ共同でつくられるものでもなければ人々の接触を触発するものにもなりえない。モスクは錯綜する路地に面して驚くほどその表情を隠してひっそりと佇んでいる。メディナをはるかに眺めると、たしかにミナレットがいくつも建ち並んでメディナの印象を決定するものとなってはいる。しかしその内部では、その前に広場があるわけでもなく、中を覗かないかぎりそれとわからないまま通り過ぎてしまうことすらある。そして定められた時間にモスクに集まり何もない壁に向かって深々と頭を垂れる彼らはそこにいくら多くの人々が集まっていようと、ただひとりで神に対峙しているようにさえ見える。それは近所の人々と誘いあい、家族ともども日曜ごとに着飾って教会に集まるあの華やかな風景とはまったく対照的でもある。

ここにはあのペトレス型のホワイエ的な部屋も、クエバス型の共同生活のための広場もない。住居はその入口を固く閉ざして、あらゆる人との接触を拒絶しているようにさえ見える。きわめて閉鎖的な住居の構えなのである。そのためだろうか、道は住居と住居のあいだの隙間をやっと見つけて細々とメディナ全体を覆っている。その道も市場から離れるに従って人通りもなく、ただたんに人の歩くだけの路地に変わってゆく。閑散として高い壁に囲まれた路地は、ペトレス型やクエバス型のようにけっして人と人との接触を触発しはしない。むしろ接触しないことを前提として彼らの〈道〉は成立しているようにすら見える。ところが住居の内部は、それとは対照的にきわめて開放的にできている。必ず中庭をもち、その中庭を囲んでつくられる彼らの住居は、外に対しては完璧に閉ざされたものではあっても、その内部ではあらゆる部屋は、この中庭に向かってじつに開放的なのである。

そして外に向かって閉鎖的な住居の群れは、ペトレスのように明確な配置や中心をもつわけでもなく、またクエバスのようなクラスターを形成するわけでもなく、ただ勝手気ままにメディナ全体をびっしりと埋め尽くしているように見える。住居の群れは、かつての城壁の外へも侵蝕して、何度城壁をつくりなおしてもその外へ外へと無限にスプロールしてゆくようにも見える。

もしこのような住居の集合の仕方を指してメディナ型と名づけるとしたら、われわれはいまそのそれぞれ異なる住居の集まり方の違いをペトレス型、クエバス型、メディナ型として、ただの印象によるものだとしても、とりあえず三つのタイプに分類したことになる。

われわれが通過してきたさまざまな集落の全体的印象を語るために便宜的に分類された三つの集落のタイプは住居形式の違いであり、広場や中心的施設の違い、あるいは道や境界のあり方の違いとして観察され、記述されてきた（表1）。そしてその原因を文化、風土、宗教の違いとして考察することもできるし、あるいはメディナ型が都市的であり経済流通を核として成立するものであるとするなら、クエバス型は生活の共同を核とした集落であり、それに対してペトレス型はいかにも政治的、権威的色彩の強い集落だということもできる。[4] しかしそれら類型の原因や、類型から演繹されるものをいかに説明し尽くしたとしても、それだけでわれわれの分類のレベルが明らかにされるとは思われない。なぜわれわれはそこに現象するものだけを分類の手がかりとして抽出したのか。そして三つのタイプとは、はたして本質的な差異なのか、それとも、文字どおり現象においてのみの差異なのか。

解答への手がかりは、すでに現象するそのもの自体が指し示している。われわれの前に現象するものは、ただたんに機能を示すだけではなく、同時にその〈意味〉を明らかにするものでもあった。われわれの遭遇した集落における道や住居や中心的施設、あるいは広場といったものは、ただたんに歩くための場所、住むための場所等を指示しているだけなのではなく、そのあり方がすでに〈全体〉のなかで特定の〈意味〉を有しているのである。

つまりわれわれは現象するものの〈意味〉を見ようとしているのである。教会やかつての領主

表1　3つの集落タイプ

	ペトレス型	クエバス型	メディナ型
中心的施設	有	無	無
広場	中心的施設の前にあって飾られている	生活的広場	流通のための広場
住居の配列	中心への指向	クラスター	各住居は個別的
道に対する住居形式	開かれている*	開かれている*	閉ざされている
集落の境界	明確に境界を持つ	不明確	不明確

*ペトレス型とクエバス型の開かれ方は同一ではない。ペトレス型は道を住居の内へ引き込むように開いているのに対して，クエバス型は逆に，道に向かってさまざまな生活機能が漏出していくように開かれている。

の館をともに中心的施設と呼び、城壁や住居の配列のとぎれる場所あるいは農地を境界と呼ぶとき、われわれはすでに〈意味〉に関わる言葉を使用している。われわれには〈意味〉とは何かという問いに答える能力はないとしても、そこに現象しているものが何を〈意味〉しているのかは、当然明らかにしておかなければならないはずである。それはおそらく、現象するものをどう認識するのか、そしてわれわれの使用する言語の抽象度の考察に関わっている。

3　考察

a　行為

観察によって抽出された言語（道、住居、広場、中心的施設、境界など）を、ひとつのあるいは数種の〈行為〉に対応する空間もしくはものの名称として了解することもおそらくは可能なことだと思われる。そしてむしろ一般的にはそう解釈すると思う。

しかしその〈行為〉という概念そのものをわれわれは疑う。時間的・空間的に連続している人間の動き、動作を断片的行為に分割することによって、はじめて行為の概念は成立可能になる。しかし、また行為それ自体は連続しているがゆえに無限に分断、分割することが可能な性質の概念でもある。そのような無限性をもつ〈行為〉を有限のレベルに連れ戻すためには、ひとつの手続きが必要であった。それが「目的の配分であり、意図の分類[5]」であった。目的と意図を手がかりとして、連続している行為はそれぞれ断片的な行為に配分され、分類される。そしてその行為は、その行為の意味を支えている状況から切り離されて一種の普遍性を獲得していったのである。

たとえば眠るという行為や食べるという行為は、一方はたんに神経生理学の問題としてその脳波や生物電気の特性において、一方は食物が口から食道を通過して胃にいたる経過として、あらゆる個体や民族や文化の特性を、そしてその行為の〈意味〉を支えている状況をこえて同一の断片的行為としてその普遍性を獲得する。そして分類された断片的行為に対応して、〈機能的〉に空間が設定されていく。機能という言葉はしばしば、分類された行為とその行為に対応する空間との関わりあいを示すと同時に、分類の手がかりとしての目的、意図そのものを指し示す言葉としても使用されてきた。そして行為と空間との関係には、基本的に次のような認識が前提となっている。つまり、分類された断片的行為に対応して断片的な単位空間（プライマリーな空間）が存在する。当然、単位空間は意味を内包しない機能的単位空間となる。そして人間のあらゆる行為が断片的行為の組み合わせとして記述できるように、あらゆる空間は単位空間の組み合わせとして記述することが可能になるわけである。[6] 単位空間の組み合わせによって記述される空間はけっして特定の人間、特定の集団に対してのみ成立する空間ではない。あらゆる人間、あらゆる集団に対応する空間であることがあらかじめ保証されているのである。[7]

b　行為の仕方

われわれはけっしてさまざまな行為を自由気ままにおこなっているわけではない。行為には〈行為の仕方〉がある。その行為をおこなおうとするときの約束事のようなものである。作法と言ってもいいし、態度のようなものと言ってもいい。あるいはルールやマナーと言ってもいい。すでに述べたように行為という概念が断片的な行為であり、普遍的なそして標準的な人間を前提とする概念であるとすれば、〈行為の仕方〉は標準的な人間ではなく特定の集団のなかで、その集団による約束事を共有する人々が前提となるはずである。ある〈行為の仕方〉つまり作法なり行為のための約束事が成り立つためには、その約束事を共有するなんらかの特定の集団をその前提とせざるをえないはずなのである。〈行為の仕方〉は特定の集団との関わりのなかでしか抽出されえない。そしてその集団のなかの個々の人々の具体的行為の積み重ねによって〈行為の仕方〉という約束事がつくりあげられていくと同時に、それがつくられることによって逆に個々の人々を拘束して、その〈行為の仕方〉というマニュアルに従ってさまざまな行為が実現することになるわけである。つまり〈行為の仕方〉は特定の集団のなかで特定の意味を有するものである。〈行為の仕方〉は行為の意味そのものである。〈行為の仕方〉は特定の集団のなかでの人間と人間との関わり方を示す。そしてそれが身分とか序列とかに関連しそうなことも想定できる。「すべての社会生活は上位と下位という位階制を——まったく技術的理由から——必要とする」[8]とすれば、その位階は、日常的には〈行為の仕方〉によって表象される位階制にほかならない。

かつて中世的な社会制度のなかでは、個人という人格は制度のなかの相互の序列そのものであった。つまりつねに上位の地位としての人格に結びつけられることによってのみ社会的個人たりうることが可能であった。序列そのものが集団、あるいは個人を規定していた。〈全体は部分より先にあるのが必然〉という中世的リアリズムは人間を、〈行為の仕方〉を通じて集団全体のなかでの役割的部分として表出させる。このことを考えれば、中世的リアリズムを否定して新たな方法を探りだそうとするとき、当然〈行為の仕方〉を否定し、普遍的な〈行為〉をその手がかりにしようとしたことも首肯できる。つまり、〈行為〉を手がかりにしての考察が全体性を解消するものであるとするなら、逆に〈行為の仕方〉はなんらかの全体性あるいは統一性を前提としないかぎり語りえないものでもある。

そして〈行為の仕方〉が特定の集団のなかでの位階に関連するとすれば、それはまさに集団の全体性、統一性、あるいは支配、被支配の関係そのものを表出する。ここにいう支配、被支配の関係とは、集団の性質を維持しようとするひとつの機構のことであり、少なくともなんらかの集団を対象にしようとするとき、そこに集団の統一性を無視するわけにはいかないであろうし、集団の統一性が、広い意味での支配事象をみずからのうちに内包すると考えることが否定されるとは思われない。

われわれが〈行為〉ではなく、〈行為の仕方〉を考察の手がかりにしようとすることは、その〈行為の仕方〉が認知されている集団、そしてその集団の統一性、あるいは支配事象を手がかりにすることと同義である。〈行為〉そのものがすでに述べたように無限性、均質性、連続性、普遍性のレベルでの問題であるとするなら、〈行為の仕方〉は逆に、集団の全体性、統一性を前提とする以上、その統一性の限界、特性、不連続性といったものをその対象とせざるをえない。つまり、〈行為の仕方〉を手がかりとして集団を考察しようとするとき、そこに集団の統一性のより広い意味での〈領域〉を問題にせざるをえないのである。〈領域〉とは、この場合必ずしも空間的領域だけを意味しているものではない。それは集団の領域であり、支配の領域であり、〈行為の仕方〉の領域であって、それぞれは空間的領域であると同時に、観念としての領域でもある。ある集団に属する人間がその集団の空間的領域外にある場合であっても、彼がその集団内の人間であることになんの変わりもないし、それだけで彼がその集団の統一性から解放されるわけではない。ただ、われわれがここで問題とすべきなのは支配の領域、〈行為の仕方〉の領域という観念的な領域ではなく、その空間的領域である。そこには、支配の領域も〈行為の仕方〉の領域も包含した集団の領域そのものが表出されているはずなのである。

c 領域

領域は〈場〉という言葉に近い。〈場〉とは電磁場、重力場という言葉が示すように、なんらかの特性をみずからのうちに内包する空間に対してそう呼ばれる。空間的領域もそのうちになんらかの特性を有する。そしてその領域の特性は、その境界においてより鮮明になる。境界とは、文字どおりある特性とそれとは別な他の特性との境界のことであり、両者の関係を示すことによってはじめて領域の特性を明らかにすることができる。いわば境界は、そこで領域の特性の漏出、あるいは他の特性の侵入をふせぎ、一定の特性を維持しようとする役割を担っているからである。

〈領域〉は〈境界〉によって閉ざされている。〈領域〉のもっている特性を維持するために閉ざされている。特性というのは集団の統一性のことであり、〈行為の仕方〉の固有性のことである。〈領域〉は集団の統一性を維持するために閉ざされている。そしてその外側の作法とは異なる作法を指示するために閉ざされている。

とすれば、逆の言い方をすると、きわめて単純に少なくとも次のことだけは言えるように思う。つまり、ひとつの〈領域〉にはただひとつの集団の統一性が実現されている。そしてただひとつの〈行為の仕方〉、つまり作法のマニュアルが封じこめられている。だからこそ閉ざされていることの有効性が確認できるはずなのである。仮にひとつの〈領域〉のうちにふたつ以上の集団の統一性を実現しようとしても、それは論理的に不可能であるように思う。それぞれの集団の統一性そのものが失われてしまうはずである。

つまり、われわれはさまざまな集落の〈領域〉を見ていたのである。そしてその境界を観察していたのである。そして境界を観察すると同時に、その〈領域〉に内包される空間の配列を見ていたのである。〈領域〉のなかの諸部分は全体としての〈領域〉のうちに位置づけられ、それぞれ全体との関わりのなかで固有の意味を与えられている。さらに言えば、全体との関わりのなかでそれぞれの序列を与えられている。われわれは、より具体的にはもの、、（たとえば住居、中心的施設、部屋）の配列のうちにその序列を発見し、その〈領域〉の特性を見いだすことができる。つまり、〈領域〉の特性はその〈境界〉によって確かめられるだけではなく、同時に配列によっても確かめることが可能だったのである。

d　配列

われわれがさまざまな集落のなかの住居に廊下のようなものをただのひとつも見いだすことができなかったことは、この配列、ひいては〈領域〉を考察するうえできわめて重要と思われる。「十八世紀になると会を催し歓談するための特別の応接室、つまりサロンがあらわれた。これらの諸室はいずれも互に独立し廊下に沿って並んでいた。それはちょうど新しい廊下街路に沿うて家が建ち並ぶのに似ていた。つまりプライバシーの必要が廊下という特別な共用の循環器官を生み出したといえよう」(9)とマンフォードは述べる。プライバシーの確保とは、行為がさまざまな制約（行為の仕方）から解放されること、つまり、行為の自由の確保なのである。行為に対応し、行為によって名称づけられた諸室はたがいに独立して存在し、〈行為の仕方〉の制約から解放された部屋となる。部屋と部屋とのあいだにある序列の差を考慮することなく、一本の廊下に面することだけで、その配列はまったく自由になる。つまり廊下に沿って配列されることによって、それぞれの部屋のあいだにある序列が排除され、均質な関係、すなわちたんなる機能的な組み合わせに置きかえることが可能になったのである。しかし逆に廊下による機能的な組み合わせは、諸室の結合因（結合の原因）をも排除してしまった。諸室はそのつど機能的に結合され、また切り離されるだけの存在でしかない。諸室が全体のなかで固有の役割を担った場所ではなく、独立の存在であるがゆえに、プライバシーもまた確保できたのである。

逆に廊下によって結合されない諸室は、その関係こそが重要になる。配列は独立した諸室の自由な配列なのではなく、序列をもった関係になる。配列が序列を生みだし、また逆に序列が配列を決定してゆく。諸室はすでに独立した単位空間としては存在せず、結合因をあらかじめそのうちに内包しているはずである。つまり序列とは結合因そのものなのである。

このような配列は、明らかに廊下を媒介とするような独立した自由な空間の機能的配列とは区別されなくてはならない。それを〈布置〉[10]と呼ぶ。その配列によって配列されるものに意味を与え、その意味が逆に配列を決定していくような配列のあり方である。

4 了解

〈領域〉という概念を導入することで、それぞれの言葉（住居、道、中心的施設、広場）はどう規定され、われわれの集落の観察そして三つのタイプなるものは、どう了解されるのだろうか。

a 住居とその集合

住居が家族の〈領域〉と規定されることに説明は不要であろう。それが〈領域〉と規定される以上、家族はひとつの集団であり、特定の〈行為の仕方〉をもち、特定の支配による統一性を内包している。「父子の間に父子としての秩序がなければ、父子の間柄そのものが成立せず、したがって父を父、子を子として規定することもできない[11]」ように、家族とは父、母、子としての血のつながりであると同時に、血縁を契機としての〈行為の仕方〉あるいは集団の統一性をみずからのうちに内包しているひとつの〈集団〉にほかならない。

周知のように familia の語源が、源初的には家父長の支配と所有に属するいっさいのものの名前であると同時に、住居そのものを指し示すとも言われる。

住居の壁や屋根や床は、雨や風のためのたんなるシェルターとしてではなく、まずこの〈領域〉の〈境界〉として了解されねばならない。〈領域〉は閉ざされている。それは家族の統一性を保存するために、そして他の〈行為の仕方〉や支配の秩序を侵入させないために閉じられている。

住居は、閉ざされたひとつの〈領域〉である。それが閉じた存在であるかぎり、本来住居は個別的であり、単一な存在でしかない。つまり、その他の住居と共棲する契機をその内に含んではいないのである。そしてわれわれが印象的、形式的に分類した三つのタイプの集落と住居の形式は、この住居の個別性というひとつの構造のあらわれの違いにほかならない。つまり、閉ざされ方の違いがそれぞれ三つのタイプとして現象しているのである。

ここにおいてはじめてわれわれはさまざまな言語の意味を一般論として考察することが可能になる。住居の内とは、〈領域〉の内側、つまり家族支配や家族内に固有の〈行為の仕方〉がつねに実現されている場所であり、外とは家族の支配秩序の関与しない場所であると同時に、他の支配、〈行為の仕方〉の秩序が実現されている場所でもある。道や広場や中心的施設と呼ばれるものがたんに機能的にある行為に対応して歩く場所であり、人々の集まる場所であるとするのは、すでにわれわれにとってなんの意味もなさない。そこは住居の内なのか外なのか、もし外だとすればいったいいかなる〈領域〉なのか。そして住居が個別的であるとするなら、その集合とは何を意味するものなのか。

b　メディナ型とクエバス型におけるコートの概念

メディナ型と呼ばれる住居が道に対して閉ざされていることはすでに述べた。それは住居の個別性の表出である。メディナ型の住居にとってその接する道は、外以外の何ものでもない。入口は廊下状になって一度折れ曲がり、そこからはけっして中庭を見ることができないようになっている。通常、訪問者は家族やよほど心を許した友人を除いて、この入口部分で応対され、中庭まで通されることはない。しかしいったん囲われた中庭に入ると、そこからはすべての部屋を見渡すことが可能である。中庭によって関係づけられた部屋と部屋とのあいだに序列の差ははっきりとはあらわれにくい。庭は明らかに住居内であり、住居内の人々の接触の場であると同時に、その庭に媒介されることによって人々は関係づけられている。中庭まで通される客は、すべて家族と同等の人間として無条件に彼らの集団に含まれることになる。

たとえ住居の棟と棟が隙間なく並んでいるとしても、その閉ざされた扉と外壁はまさに住居の

〈境界〉をつくりだし、家族の個別性と統一性を確保しようとしているように見える。[12] そして住居の接する道は住居にはまったく関与しないで、住居にとってはたんなる外部でしかないようにみえる。メディナ型にとっての道が彼らの生活を活性化するものとはならず、また人と人との接触を触発するものとはなりえないのは、このような住居の個別性と統一性とが生活の隅々まで貫徹しているからにほかならない。

それでは、外部に対して閉じていることが住居の本質であるとするなら、クエバス型やペトレス型における住居はどう説明されるべきなのだろうか。

クエバス型の住居に接する道はけっして外部ではない。それは彼らにとって明らかに内部であり、家族の日常的生活にはなくてはならない場所なのである。つまり、道に対して開いていることだけで、クエバス型の住居がメディナ型の住居のちょうど正反対の住居であるという解釈をするのは少々短絡的にすぎるように思うのである。道に対して開いているか閉じているかという分類はもはやその道の性格が異なる以上、意味をなさないものである。クエバス型の住居は数戸でクラスターを形成し、各住居は道でもありまた小さな広場とも呼べる場所に面して、その広場を共有している。そのような広場に対して、クエバス型住居の各戸は開かれているのであり、けっしてメディナ型と同じ性質の道に対して開かれているわけではない。そこは仕事場であり、食事をする場所であり、洗濯場や子供の養育の場でもありうる。彼らの日常的な生活の大部分は、この小さな広場においておこなわれるのである。

そしてこの広場に面する各戸の姿勢はきわめて無防備である。入口の扉さえもたない住居もある。数戸のクラスターによって囲まれた広場が生活の中心なのである。そこにはその広場を囲む各住居の個別性や閉鎖性あるいは統一性といったものが表出されていない。ひとつの〈領域〉にふたつ以上の集団の統一性を仮定できないという話であった。つまり、広場を囲む住居で構成されるクラスター全体をひとつの〈領域〉と仮定せざるをえないと思うのである。そして事実〈領域〉はそのようにあらわれている。ときとしてクラスターの各戸に台所がなく、ただひとつの住居だけがそれを有することは暗示的でもある。クエバス型においては数戸でひとつの〈領域〉をつくりあげる。そのとき各戸単一のもつ〈領域〉は、数戸でつくられる〈領域〉のなかに包含され、各戸の個別性、統一性は解消される。

複数の家族が集まってひとつの〈領域〉をつくりあげるような例はけっしてめずらしいことではない。いわゆる「大家族」と呼ばれる分類の仕方をするときにはさまざまな地域に見られる現象である。われわれはけっしてこのクエバス型の住居を大家族住居と呼ぼうとしているわけではないけれども、ただここで述べられることは、彼らの表出する〈領域〉は明らかにクラスターのレベルでの〈領域〉であって、各戸での〈領域〉はきわめて貧弱なものでしかないという事実だけである。ここではクラスター全体が一戸の住居であると言ってもいいような〈領域〉を表出している。

小さな広場はクラスター内部での交流の場であると同時に生活の共有の場でもある。小さな広場の共有性がなければ各戸の生活は成立しない。それはちょうどメディナ型住居の各室に対する中庭と同一の性質を有している。そのような場所をここでは〈コート（court）〉と呼んでおくことにする。つまりコートとは、閉じられた〈領域〉内部での交流のための装置と定義することができる。交流の契機はメディナ型の住居におけるコートが住居内での生活の共有性にあるように、クエバス型のクラスターにとってのコートもクラスター内の生活の共有性に求めることができる。(13)

証明ぬきのたんなる想定として語ることが許されるのなら、家族とその集合が共存する場合、家族の〈領域〉が明快に表出されるとき、家族の集合としての〈領域〉は不明瞭になる。また逆に家族の集合としての〈領域〉が明瞭なら、家族の〈領域〉は不明瞭になるということができるかもしれない。またもしこのような想定が正しいとするなら、それは家族内の統一の秩序と家族の集合における統一の秩序とが同時に共存しないということである。それは先にあげた「ひとつの〈領域〉にはただひとつの支配の秩序あるいは〈行為の仕方〉の体系が対応する」という仮定とも矛盾しない。つまり「ひとつの〈領域〉のうちにふたつ以上の支配体系あるいは〈行為の仕方〉の体系が並立することはない」もしくは一般論として述べれば「ふたつ以上の〈領域〉がたがいに交わって並立することはない」(14)と言えるのではないだろうか。

一方、メディナ型においてもクエバス型においても、住居のあるいはクラスターの集合としての〈領域〉を見いだすことはきわめてむずかしい。それらは複数の領域の単純和集合としてでなくてはとらえようがないように思う。つまり、布置も境界も指示することができないのである。

メディナのように城壁を何度築いても次々とその外に新しい住居が建ち並び、それは無限に四方へ広がるかのようでさえある。たとえそれが無限に広がらず、なんらかの境界を有するものであったとしても、つねにその境界をそれ自身のうちに包みこむことはできそうにない。つまり、彼らのつくる街や集落は、物理的な障害にぶつかったときにはじめてそこから先へは延びることをやめる。境界はみずからのうちにあるのではなく、外から与えられる境界でしかない。

数学の点集合論における〈開集合〉がその境界をみずからのうちに包まないことによって定義されるように[15]、それらの集合は、まさに開かれた、境界をもたない集合と呼ばれても差し支えないと思われる。メディナにおける住居の集合はたんに住居の総和として以外にとらえようがない。それは〈領域〉の成立しないことを意味している。

一方、クエバス型の各クラスターの集合ははっきりとした境界をもっているけれども、その集合はカーサのつくる集落の手前でそこから先へは延びようとしない。つまりその境界はカーサのつくりだす集落によって決定されている。とすれば、これもクエバスの側の境界ではない。〈境界〉はカーサの側にある。クエバス型の集落もまたクラスターの総和以外にありえそうにない。

さしあたりここでわれわれが問題にすべき〈領域〉は、メディナ型における住居のレベル、クエバス型におけるクラスターのレベルに限定されて差し支えないと思われる。それらはともに視覚的に表出されたひとつの〈領域〉である。

c　ペトレス型における〈閾〉の概念

もし「ふたつ以上の〈領域〉がたがいに交わって並立することはない」という命題が正しければ、それはペトレス型においても成立するものでなくてはならないはずである。ところがペトレス型の集落では、ふたつの〈領域〉はたがいに交わって共存しているのである。

ペトレス型における教会は、必ず集落全体の中心的な位置に置かれる。もちろん、教会がその地域を支配する者の住居にその位置を譲ることもありうる。けれども、どちらにしてもそれは支配の中心であり、また領域の中心である。そのような中心的施設がつねにその集落の物理的中心に位置するわけではけっしてないが、なんらかのかたちでそれが中心であることが表現されていると言ってよい（中心の表現は決定的に地形に依拠している）。中心的施設を中心に集落全体はひとつの布置関係を有する。その布置は中心的施設の中心性を表出し、ひとつの領域を表出している。集落全体がひとつの〈領域〉を有することはすでに述べるまでもないであろう。オリーブ畑や崖、城壁は領域の境界である。それらの境界は外側から与えられる境界ではなく、それ自体みずからの領域の表出なのである。この布置と境界が〈領域〉の存在を確認させる。ペトレス型の集落全体がひとつの〈領域〉である以上、そこにメディナ型における住居、クエバス型におけるクラスターと同じ意味でのひとつの領域を措定することが可能になるはずである。

住居の集合としての集落がひとつの領域であるなら、集落の中心的施設に向かう個々の住居の布置はその集落の領域の表出である。とすると、先に述べた住居の領域の固有性、個別性は集落の領域のなかに解消されてしまうことになるのであろうか。ところが、実際には彼らの生活はやはり家族の統一性、固有性を表出するように営まれていて、集落全体の領域に包含されて、その統一性、固有性が失われてしまっているわけではけっしてない。つまり、ふたつの領域が併存しているのである。それでは先の命題を誤りとする以外にないのだろうか。

ここにこの種の住居が道に対して開かれていると述べるとき、その開かれた部屋をホワイエ的と呼んだことはきわめて重要と思われる。この道に接するホワイエ的な部屋までは、家族以外の人であってもかなり自由に入ることが許される。ただたんに行為に対応する名称をその部屋に与えるなら、それは客間あるいは接客室と呼べるような部屋である。しかしそこから奥へは入ることができない。その他人の入ることができない場所が閉ざされた家族の〈領域〉にほかならない。このペトレス型においてもやはり閉ざされた家族の〈領域〉は存在し、家族の統一性、個別性も保存されているのである。家族の支配や〈行為の仕方〉による統一性、個別性を保存しながら、なお集落全体のなかで中心的施設との関係性を保ち、また集落全体の布置のなかに置かれるためにはどうしてもこのようなホワイエ的な部屋が必要なのである。このホワイエ的な部屋の役割を〈閾《しきい》〉と呼ぶ(16)。

〈閾〉とはふたつ以上の〈領域〉が同時に成立するとき、たがいに干渉しないで、なお〈領域〉相互の接触を可能にするための装置なのである。空間的アナロジーとして、単純だけれども建物などの〈風除室〉、潜水艦や宇宙船などの〈気密室〉を思い浮かべてもらえばいい。それらはたがいに相異なる性質の空間のあいだにあって（空調された部屋とその外、水と空気）その性質が相互に干渉せず、また人間がそのふたつの空間のあいだを往き来（接触）することが可能になるために設けられる装置である。それらは一方に開くとき必ず他の一方に対しては閉ざされている。そうでなければ、〈気密室〉においても〈風除室〉においてもその機能を果たすことができない。ここに定義される〈閾〉もそれとほぼ同じ性質を有していると考えられる。

ペトレス型における〈閾〉は住居が集落全体の布置のなかに置かれ、集落全体の領域の統一性のもとに置かれると同時に、住居内での家族の統一性をも保存するための、すなわち二種の相異なる領域を同時に存在させ、それがたがいに他を干渉しないで接触させるための装置なのである（図2）。つまりふたつの領域が併存するという矛盾を解消するための空間装置である。

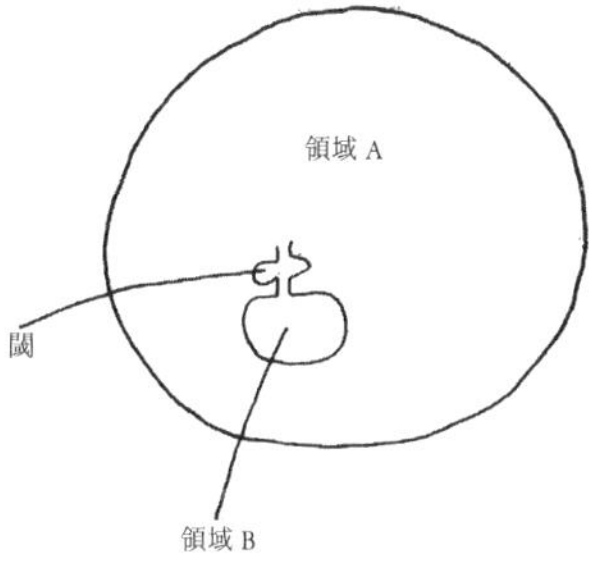

図2　ペトレス型の〈閾〉

ペトレス型のような集落における家族の永続的な私的土地占取は、明らかに内的な矛盾としてでなくてはとらえようがない。

「「家父長制的家族共同態」にとって基地ともいうべき「宅地」Hofとその周囲の「庭畑地」Wurt, Gartenlandが垣根やその他の形で囲い込まれ、父系制的に相続されて、その「家族」の永続的な私的占取にゆだねられるようになる（私的土地所有の端初的成立！）。……こうして、さきに指摘した共同体の「固有の二元性」はこの「ヘレディウム」[17]の出現とともに部族共同態による土地占取の様式のなかにいよいよ姿を現わし、いわば「部族共同態」とよばれる土地所有関係（＝生産関係）のうちに内在化されて、その内的矛盾として現象するようになるのである」[18]（傍点筆者）

つまりここに言う二元性とは、「土地の共同占取と労働要具の私的占取」に始まり、「部族共同態」による土地の共同占取と「家父長制的家族共同態」による土地の私的占取の二元性のことであり、それは部族共同態による支配関係と家父長制的家族共同態による支配関係のふたつの支配関係の二元性でもありうる。[19]それはふたつの〈領域〉の同時存在を意味している。

先の命題を顧みるまでもなく、このような〈領域〉の同時存在による二元性は内的な矛盾としてでなくてはとらえようがない。この矛盾を揚棄し矛盾としてではなく、ふたつの〈領域〉を同時に存在させるための空間的装置を〈閾〉と呼んだのである。

「ふたつ以上の〈領域〉がたがいに交わって並立することはない」という先の命題は次のように補足されなくてはならない。

「ふたつ以上の〈領域〉がたがいに交わって並立することはない。またはふたつ以上の〈領域〉がたがいに交わって同時に存在するとき相互に干渉しないでその交流を可能にするための装置、〈閾〉をもつ」（図3）

ペトレス型の集落における住居は、〈閾〉という空間装置の役割によって集落全体のなかでの「部分」であると同時に、それ自身自己完結的な「全体」でもあることが可能になったわけであ

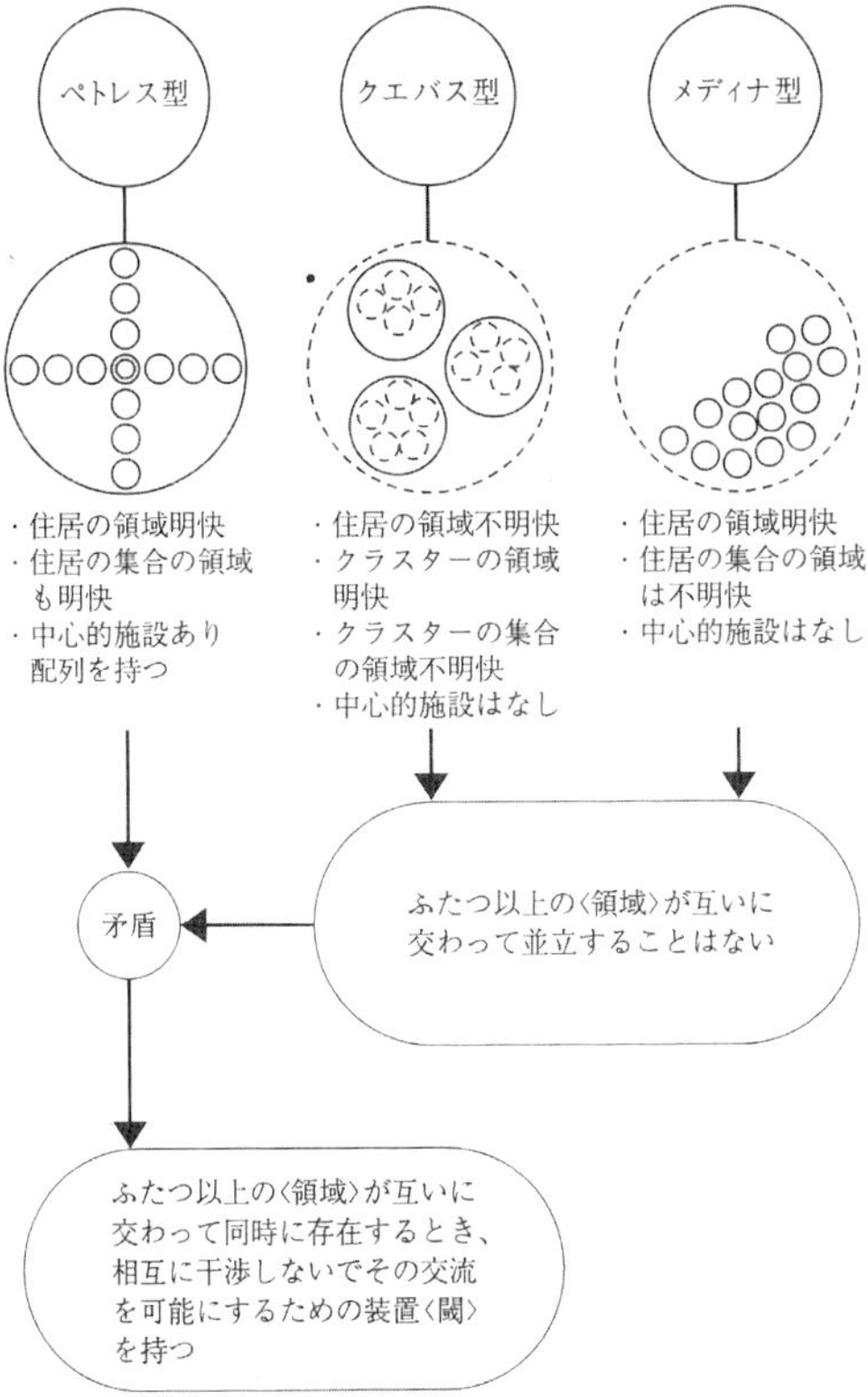

図3　3種類の集落タイプの領域

る。つまり〈閾〉とは、ひとつの領域とその領域を含むさらに上位の領域とが共存しようとするとき、そのふたつの領域を同時に可能にするための空間的な装置である。
住居という家族の領域は〈閾〉によって防御されている。その上位の領域に包含されて家族の領域の個別性が解消されないように防御されているのである。

典型として三つの風景を抽出することから始められた考察は、結果的に集落と住居との関係が共通に有するひとつの構造を導きだすことになった。この構造はわれわれの観察した集落においてだけでなく、おそらくあらゆる家族という共同体に共通する構造なのだと思われる。むろん、われわれの家族もまったく同じ構造をもっているはずなのである。ところがその構造がよく見えない。われわれの家族や共同体も、プリミティブな集落と基本的な部分ではまったく同一の仕組みをもっているはずなのに、その仕組みがどこかでたくみに見えにくくされているようにも思うのである。いまのわれわれの物の見方そのものを疑うべきなのである。プリミティブな集落が特殊なのではなく、その集落たちをわれわれの世界とは無縁なものとして見てしまう、こちらの視線を問題にすべきなのだと思うのである。私たちが手に入れたものは、集落の資料ではなく、彼らの世界と私たちの世界とが地続きなのだという貴重な体験そのものなのだと思う。

（1973.3）

注

（1）中心的な施設が必ずしも集落の物理的中心にあることだけを意味するものではない。集落からはずれた場所にあっても、むしろそれはより高い位置にあることで中心性を表出している。高さと中心性とはたがいに他を補完するように働いている。
(2) ペトレス。南スペインの集落。
(3) メディナとは、イスラム圏にみられる都市形態のひとつを指し、日本では一般的に「カスバ」と呼ばれている。カスバはかつて都市が自立して外敵からの侵略を防ぐ重要な拠点であったときその守りの要でもあり、ちょうどヨーロッパの城塞都市における城の位置に相当する。
(4) 三つのタイプのなかにわれわれの観察したすべての集落を包含させることはけっして不可能なことではない。しかし、すべての集落をこの三つのタイプのなかに包含せしめるには、ペトレス型とクエバス型の中間、三者を同時に含みその中間でもあるというようなあいまいさと強引さを必要とする。
(5) ル・コルビュジエ『建築芸術へ』宮崎謙三訳、構成社書房、一九二九年。
(6) ル・コルビュジエのいう〈標準〉とはまさにこのような空間を指し示している。
(7) インターナショナル・アーキテクチャアの基盤はここに成立する。「世界は空虚(均質)な空間と原子から成り立ち、原子はたえず自己運動をしていて、いっさいの変化はその集合離散に帰着する。またいっさいの現象の背後には原子の機械的運動がある故、それらは必然的に生起したものである。偶然性なるものはこの世に存在しない」という原子論的認識論である。個別行為あるいは原空間はまさに〈原子〉に対応している。
(8) 現代社会学大系1『ジンメル』青木書店、一九七〇年。
(9) ルイス・マンフォード『歴史の都市 明日の都市』生田勉訳、新潮社、一九六九年。
(10) 布置は constellation の訳語。本来天文学の用語で「星座」を意味する(星座の「座」をポテンシャルと理解すれば布置の意味は明らかだろう)。また心理学用語では感情、観念、刺激などの集合体を指す。
(11) 和辻哲郎『人間の学としての倫理学』岩波書店、一九三四年(岩波文庫、二〇〇七年)。
(12) 「それから女の信仰者にも言っておやり、慎み深く目を下げて、陰部は大事に守っておき、外部に出ている部分は仕方がないがそのほかの美しいところは人に見せぬよう。胸には蔽いをかぶせるよう。自分の夫、親、舅、自分の息子、夫の息子、自分の兄弟、兄弟の息子、自分の身の周りの女達、自分の右手の所有にかかるもの（奴隷）、性欲を持たぬ供廻りの男、女の恥部についてまだわけの分らぬ幼児、以上の者以外には決して自分の身の飾りを見せたりしないよう」（『コーラン』［二四—三一］）。ここには、イスラム的な「家族の範疇」があらわされていると同時に、家族内と、外での〈行為の仕方〉の違いを厳密に守ることを要求している。

(13) クエバス型クラスターにおけるもっともポテンシャルの高い場所が台所を有する住居にあることは、むしろ当然のことだろう。われわれの経験では、その住居の主とも呼べる老人がわれわれを住戸の内に案内して、まさにクラスターの主とでも呼べるような存在でもあった。ただし、クエバス型においてもメディナ型においても、そのポテンシャルの差ははっきりとはあらわれていない。それはともに外に対する交流の契機をそれ自身が含んでいないことに起因している。住居のポテンシャルは、外に対するときに明快さを生みだすといえる。

(14)「たがいに交わって」とは次のふたつの場合を想定する。たとえば、Aなる〈領域〉とBなる〈領域〉が存在するとき、A∩Bなる部分は存在しない。

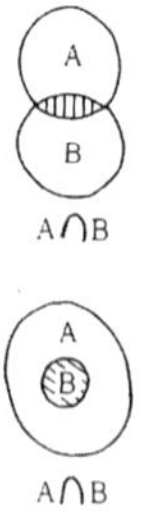

つまりこのようなかたちで交わる〈領域〉を想定してはならない。

(15) 開集合。集合Aが閉集合であるための必要十分条件は、

$A^d \subseteq A$

なお、A^dは集合Aの導集合（Aのすべての集積点の集合）、また有限個の点からなる点集合は閉集合である。逆にA^dを含まない集合が開集合と呼ばれる。また次のような式によってあらわすこともできる。

$A^a = A \cup A^d$

$= A^i \cup A^f$

$A^a = A$ なら閉集合

$A^i = A$ なら開集合

なお、A^a は集合Aの closure

A^i は集合Aの内点集合

A^f は集合Aの界点集合

(16) 「コミュニケーションは、社会の境界線で止まってしまうことはない。厳格な境界線というより、このばあい問題になるのはむしろ、コミュニケーションが弱まったり形が変ったりすることでしるしづけられる閾《しきい》のようなものである。この閾を、コミュニケーションは、消滅はしないが最低の水準で通過するのである」(レヴィ＝ストロース『構造人類学』荒川幾男ほか訳、みすず書房、一九七二年)。「閾(seuil)は日常語としては「敷居」や「入口」をあらわすが、学術用語としては、地理、地質学では、二つの山塊を分ける断層を意味する。が、学術用語としてもっとも重要な意味を帯びて使われているのは心理学の領域で「刺激がある反応を呼び起こすに必要最小限に達する点」をまず表わし、さらに、〈seuil absolu〉というとき「そこを越えると知覚が消滅する限界的価値」を表わす」(ミシェル・フーコー『知の考古学』中村雄二郎訳、河出書房新社、一九七〇年)。

(17) Heredium ——家父長制的家族共同態によって私的占取される囲い込み地。

(18) 大塚久雄『共同体の基礎理論』岩波書店、一九五五年(岩波現代文庫、二〇〇〇年)。

(19) このような関係を同時に含む共同組織が「農業共同体」と呼ばれる。

閾論 I

1

変化は緩慢で持続的だ。メキシコからペルーまで二万キロの道程といくつもの国境をこえ、それでも文化圏はスペインが支配し、言語も変化しない。特異性よりも均質性が私たちの視界を被う。前回の旅の経験では、自然はもっと陰影をもっているものだった。集落はそんな陰影に助けられ、陰影をつくりだす自然の切断面が際立つところに必ず人々は集まり、切断面と一体になって集落自体をより豊かに、そしてその構造を明瞭に示してくれるものであった。私たちは切断面を、そして陰影を求めて谷を下り、密林の奥深くまで分け入った。たまにそんな風景に遭遇する。しかしそこに集落はない。

集落は多くの場合、平地や盆地に位置していて、ヨーロッパや北アフリカで見たような丘の中心に教会やモスクを戴きそびえたつように住居の密集する集落は皆無と言ってよい。盆地に位置する集落は上から見下ろすのには都合がいいが、見上げるわけにはいかない。いわばエレベーションをもたない集落である。そのためか集落の内包する布置や中心性が鮮明に浮きあがってこない。たしかに教会は集落の中央部分にあるのだが、強烈な象徴性や意識的な高まりを感じさせない。住居密度の高い集落はそのほとんどがコロニアルスタイルの集落で、道路パターンはどれもグリッド状である。グリッド状の道に沿って住居が配置され、それも中心から離れるに従って密度が低くなり、やがて道も住居も消えてしまう。集落の境界もまた私たちには明確なものとは映らないのだ。

グリッド状の配置は風景や地形、そして集落の規模などによって決定されているのではない。たとえ集落の中央を流れる川によって道がズタズタに切断されようと、中央広場のまわりを一重に囲むだけの住居数でしかないとしても、グリッドプランのコロニアルスタイルは貫徹される。それはスペインがもちこんだ植民地支配のための単純な規格化での結果である。先に形式があって、その形式をあらゆる場所にあてはめようとする。象徴性の希薄な中央施設、住居との関連性そして境界の不明快さは、形式が風景によって誘発されているのではなく風景を集落の構造のなかに組みこんでいけないところに起因しているのだと思う。

グリッドプランは必ずしもコロニアルスタイルの集落だけと結びつくものではない。一般に中南米の大都市の周辺は、ファベーラ（favella）ともバリアダ（barriada）とも呼ばれる不法占拠の街によって占められている。なかでもリマのバリアダは市の三分の二以上を占める砂漠地帯にあって、たえず外へ外へと広がっている。その土地が不法占拠であるにもかかわらず住居はグリッド状に並んでいる。日干し煉瓦でつくられた住居の配列はどこまでも続き、その先は靄のなかに隠れて視界から消えてゆく。バリアダは、はじめから住居集合の境界も中心的な施設ももたないことを前提として形成されている、きわめて近代都市的な集合形式である。均質性を前提とするバリアダが均質の象徴であるグリッドプランになるのは、その性質上ごく当然のことなのだろう。こんな砂漠のなかのバリアダにこそグリッドプランはふさわしい（写真1）。

住居密度の比較的高いコロニアルスタイルの集落は、一定の間隔で地図上にプロットすることができる。そしてそのあいだには先住民の住居が点在している。コロニアルスタイルの集落における住居が画一的に日干し煉瓦と瓦で構成されているのに対して、先住民の住居の材質は場所により多様で、その多くは身近に手に入れられる木や石、ココやシュロの葉、藁葺きの屋根などによってつくられている。住居プランは台所と寝室のふたつに分かれている分棟型式か、その両者が分離されない一室住居かのどちらかである。ただ一室住居の場合、かまどは外につくられる例も多い。きわめて開放的なプランだといえる。

そして不規則に点在しているように見える先住民の住居も仔細に眺めると、住居と住居のあいだが均等に保たれていることがわかる。住居間の距離に法則性があるようだ。これも住居集合、つまり集落のひとつの形式と考えられる。このような離散的な集落には求心性をもたらすような施設はない。教会でさえ、ときには住居とまったく同じ材料でつくられ、私たちには見分けがつ

写真1　ペルー、グリッドプランの不法占拠の街バリアダ

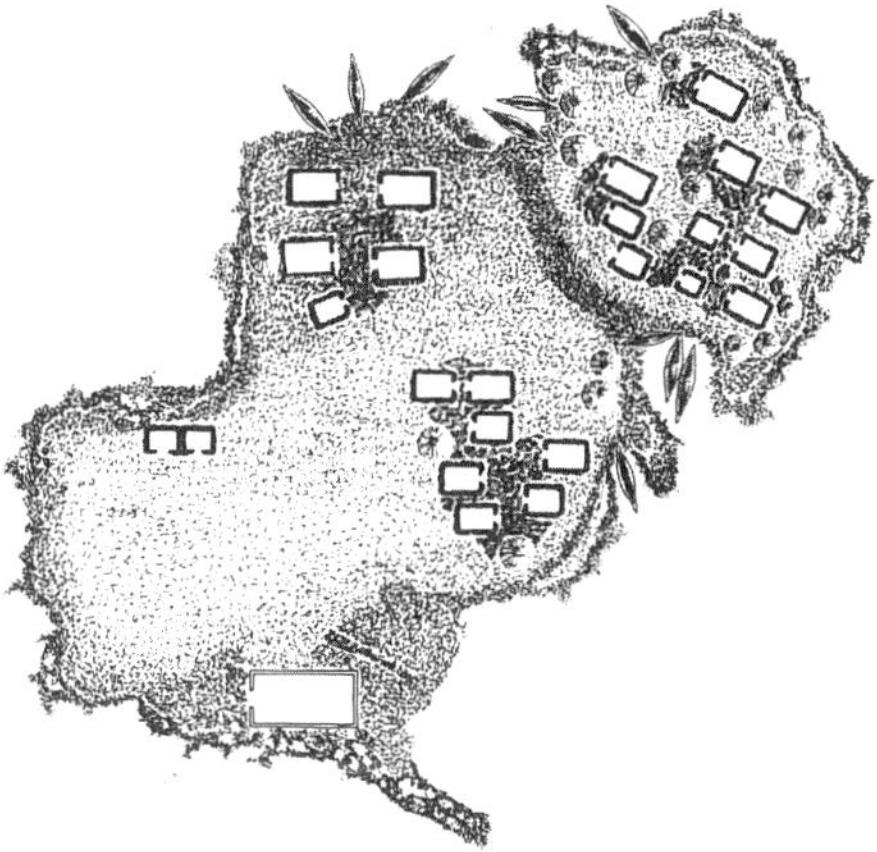

図1　同、チチカカ湖の浮島集落

かない。この集落は住居間の等価性によって特徴づけられるようなのである。

集落の領域はよく見えないけれどもそこに住む人々の〈行為の仕方〉は、私たちに境界の存在を意識させる。住居の内部が外から覗けるほど開放的であるにもかかわらず、集落全体のもつ部外者に対する拒否反応はきわめて強い。私たちは何度かこういった集落に足を踏み入れたが、たとえばアンデスのアルティプラーノと呼ばれる高原で私たちはただの一度も住居内に入ることを許されなかった。その住居に住む人がではなく、まわりに住む人々の目が拒絶している。離散的な姿とは逆に、このような集落のもつ共同体意識はきわめて強いということができる。

少し特殊な例だが、ペルーのチチカカ湖にはいまでもトトラと呼ばれる蘆でつくられた浮島の上に住んでいる人々がいる（図1）。島の輪郭がそのまま集落の境界になる。中心的な施設、教会などはない。住居もトトラでできているがそれはただ寝る場所でしかない。かまどは戸外に置かれて、どこまでがひとつの住居の領域なのかは判然としない。集落の境界が明快な代わりに住居の境界は不明快なのだ。この集落を離散的な集落と直接結びつけるつもりはないが、ただ離散的な集落の構造を理解するうえでいかにも暗示的と思われる。

コロニアルスタイルの集落、離散的な集落、私たちの道程はこのふたつの集落を繰り返したどることであった。

2

領域は交差しない。農業共同体としての集落がもつふたつの領域（私有化された家父長制的家族共同体と部族共同体）が〈閾《しきい》〉によって注意深く分離されていることは前稿（「領域論試論」）ですでに述べた。でも家族という集団がなにがしかの普遍性をもつものだとしたら、その領域の個別性は西ヨーロッパの農業共同体的集落においてのみ固有のものではなく、家族という閉ざされた領域のすべてに成立する概念でなくてはならないはずである。ただ一般解を実証的に述べるわけにはいかないし、また帰納的に述べられる原理はつねに仮説でしかない。イメージの力に頼ることだ。原理やモデルが重要なのはそれが事実そのものではなく、事実に対する私たちの違和感（イメージ）を喚起するための思考装置だからである。

その思考装置の試運転をしてみたいと思う。きわめて開放的な住居と考えられている日本の伝統的な農家においてさえ、家族の領域は明確に分離され他の領域と交差しないように厳密に守られている。ヨーロッパの農業共同体的集落の住居とまったく同じ構造をもっているのである。その構造を空間的なモデルに置きかえてみようというわけである。農家のプランは田の字型のプランとして知られている。その田の字の横に土間の場所を書き加えれば、とりあえず図式は完成する。部屋の呼び名は各地方によってさまざまだが、土間に面する部分を玄関あるいはオモテ、その横に炉のしつらえられた台所、奥には座敷が続いている。間仕切りは板戸か障子または襖による、が台所と座敷のあいだだけは壁で仕切られる。炉のある部屋が家族のおもな生活の場所で、炉のまわりには家族の序列が明快にあらわれている。

土間からの正面は主人の坐るところで横座と称し、勝手の方に近い側は女房や家族達の坐わる所で、名を別に言わないこともあるが、かか座などと称しそれに対した側、即ち入口に近い側は客の席でここを客座と称し、そして、土間に接している側は下男や下女の座で、そこを焚物の尻にあたるから木の尻などと称しているのである(1)。

そして家族内の交流はこの炉のある部屋と土間とで完結する。客座は横座よりも下座にあたる。つまり序列のより低いものとされている。この客座に座る者は家族以外の客といってもその座に座るかぎり家族の有する領域内に包含されることを前提としている。つまり家父長制的な家族共同体の内側に組みこまれるかぎりでの客である。本来家族だけの領域である炉のある場所に入りこむ家族以外の者はその時点で家族の領域のなかにある位置を占め、その家族内の〈行為の仕方〉に従うことになる。

家族は一般により大きな親族体系のなかに組みこまれている。親族に属する家族以外の者、たとえば本家の主人などが客となる場合、彼は横座に位置を占め、逆にその家の家父長は下座に座る。家父長がつねに上座を占めるという確固とした家族内の序列が崩れる。つまり親族としての領域と家族領域とが交差する場面では、家族的な領域のもつ序列やシステムはあいまいになって親族体系＝親族領域に包含される。家族領域は消える。そんな場面が持続的であるものを大家族制と呼んだりするのである。一方、客がその集落の支配的である者、たとえばむかしなら庄屋とか名主あるいは僧侶などの場合には、炉端は使用されず招客のための場所である座敷に通される。そこで応対する者は家父長だけであり、家父長は家族の領域から離れてより上位の、言ってみれば集落の領域に含まれるものとなる。そこでの作法、つまり〈行為の仕方〉は炉端での家族内の序列とは無関係である。座敷は家族の住む住居の内にあっても家族領域に包含されるものではなく、より上位の領域に関連している場所である。そして家族の領域とその上位の領域というふたつの領域が交差することのないように設けられた装置である。

家父長、つまり当主は家族の支配者であると同時に上位の支配体系に組みこまれている者でもある。上位の支配体系とはこの場合、幕藩体制のなかでの集落における支配体系をイメージしている。法的には上位の支配体系に直接的に結びつく当主だけが人格をもち、それ以外の家族の構成員はたんなる量的な存在でしかない。公的に名前をもつのは当主だけであり、「家督・家名を譲り受けて当主の地位を相続することが名前人になるということだった」と同時にかつての「幕府法は「当主」の権威に基づく家族支配の制度に親しまず…（…）むしろ、その基調は、権力が「家」の内部にまで介入することをさけ、人倫の自然にしたがって家内の和合をはからせることにあった」[2]。つまり当主を支配する支配体系と家族内の支配体系とは明確に分離され、家族の領域が幕藩制の支配体系に包含されて、先の親族体系と家族体系との関係のようにあいまいに消え去ってしまうことはないということができる。

座敷は一方で、家父長の公的な人格表出の場としてとらえることもできる。つまり座敷は前回の地中海地域の考察によって明らかになった西ヨーロッパの農業共同体的集落の住居における閾の概念と同一のものと考えられる。座敷もまた閾としてとらえるべきなのである。そして「人格は社会圏に自らをゆだねてそのなかに自らを没却しながら、やがて自らのなかで社会圏を個性的に交差させることによって、ふたたび自らの特性をとりもどすのである」[3]とジンメルの述べるように人格は領域が交差しようとするとき、その交差点である閾を象徴するものとしてあらわれてくるのである。

日本の農家のプランにはふたつの領域が出合う場面での、その処理の仕方が象徴的に示されている。炉端での序列はふたつの領域が対立することなく一方の領域のうちに他の一方が包含される構造を示し、また座敷での序列はふたつの領域が交差するときに、相互に干渉しあわないように、そしてふたつの領域がともに成立するための装置としての閾の構造をよく示している。

集落と呼ばれるものが住居の統一された集合体であるとすれば、そこには住居の領域と集落の領域とが交差しないようにするためのその処理の機構がなんらかの方法で組みこまれているはずである。そしてその処理の仕組みが集落のあるいは住居の形式として表出されているのである。

3

中南米の集落がさまざまな形式を含めておしなべて平坦に映るのは、その依拠する自然のもつ特性によるだけではなく、家族の領域としての住居そしてその集合の領域としての集落の構造が鮮明でなく、むしろあいまいに連続していることに起因している。コロニアルスタイルの集落にしても私たちがスペイン本国で見た集落の風景とは、はっきりとその性格を異にしている。スペインの集落はもっと自然のもつリッジや切断面を大切にしているものだったし、それ以上に住居のもつ閾の構造や集落の領域を明快に示すものであった。一般に中南米における住居には、集落におけるそれと同様、固定的な空間的装置としての閾がつねに表出されているとは言いがたいのである。

まだ旅が始まって間もないころ、メキシコのグァイマスで見たその光景は、私にとってはたしかに妙なものだった。グァイマスは小さな港町で集落と呼ぶより都市と呼ぶべきスケールをもったコロニアルスタイルの街である。夕方その街のなかを歩くと別に見ようとするわけではないのだが、大きな通りに面してドアや窓は開け放たれ、住居の中がまる見えなのだ。家族が集まってテレビを楽しむ姿や、ベッドカバーが明かりのなかに浮き上がって、それは表を歩く者に見せようとさえしている光景だった。他のコロニアルスタイルの集落においても、ベッドは簡単なカーテンや間仕切りで一応隠そうとしているものもあるが、それにしてもベッドの置いてある部屋は通りに面していて、中はよく見える。スペインの集落では、通りに面しているのはホワイエ的な部屋だけで、それが接客の場所であり、閾であった。寝室はもっともプライベートな部屋ではなかったか。

でも考えてみれば、寝室とプライバシーとが結びつくのはきわめて西欧的な図式なのではないのか。寝室のプライバシーは個人のプライバシーに対応している。マンフォードによれば[4]、プライバシーと寝室、そしてそれが具体的な性行為と結びつき、住居のなかに象徴的な位置を占めるのは十六世紀後半か十七世紀以降とされている。日本の伝統的な農家においても寝間は部屋と呼ぶよりむしろ装置的で、住居のなかで象徴的だとは言いがたい。このコロニアルスタイルの住居におけるベッドにしても、それはプライバシーの象徴なのではなく、たんに眠るための道具でしかないのである。少なくともベッドの置いてある部屋がいまの私たちの寝室とはまったくその性質を異にしていることだけは確かだろう。子供たちのベッドやハンモックは昼間は片づけられて、その部屋は接客のための場所にもなる。そして夜、ドアや窓が閉じられるときにだけその部屋は寝室に変わる。そんな部屋を空間的には固定化されてはいないにしても、時間的に変容する閾と呼ぶわけにはいかないだろうか。彼らのプライバシーとは無縁な〈ベッドの置いてある部屋〉は閾としても十分に使用されることができる。だからこそ逆に昼間はそのドアや窓を開けて、外との接触を保つための部屋であっても、いっこうに差し支えがないということなのだと思う。

〈ベッドの置かれた部屋〉は個人のプライバシーのための部屋でもないし、その象徴の場でもない。彼らにとって重要なのは個人のレベルでのプライバシーなどではなく、家族全体の領域が問題なのであり、その個別性や家族全体のプライバシーこそが重要なのである。

それでは家族の個別性やプライバシーを象徴する空間として何を想定すればよいのだろうか。ごく単純に住居のもっとも奥にあり、家族の構成員だけが使用する部屋を指示すればよい。つまりかまどのある場所である。いまさらテニエンスの言葉を思い出すまでもなく、「かまどとその生き生きとした火は、いわば家そのものの核心であり本質である」(5)。だからこそあの日本の伝統的な農家の炉端に家族の序列が表出され、家族の領域を象徴するものとなりえたのである。かまどのある場所、そしてそれに属する食事の場所こそが家族の領域の象徴なのである。

4

事実、かまどの位置は集落の形式と対応して住居形式を決定する最大の要因ともなっている。スペインの農業共同体的集落や今回のコロニアルスタイルの集落のように、住居間が壁一枚だけで密着している状態のとき、かまどの位置は住居間の干渉を逃れ、道から見て最深部に形成される。当然それは道路に面した閾によって守られている。一方、離散的な集落のように住居間の距離がある程度離れる場合、かまどの位置を守る姿勢は住居の形式のなかには感じられない。コロニアルスタイルの集落における住居が表から奥へと空間の序列を表出しているのに対して、離散的な集落にあってはかまどのある棟とそれ以外の棟とは並列的に配置される。一室型のものでも多くは平側に入口をもち、かまどとベッドとはそれぞれ左右に分かれて表、奥という序列はあらわれにくい。外にかまどが設けられる多くの例を見るとき、かまどはむしろ開かれた場所に置こうとする姿勢さえ感じられるように思う。一方は開かれ、一方はもっとも奥に守られ、離散的な集落とコロニアルスタイルの集落とでは、かまどの位置はまったく逆転したものになっているのである。

　家族が本来個別的なもので、個別性の象徴としてかまどの位置が決定されているとすれば、コロニアルスタイルの集落におけるかまどの自己防御の性格は理解できる。一方、離散的な集落では、その住居が住居間の距離を保つことによって相互の干渉を避けかまどを守ろうとするとき、その距離はコロニアルスタイルの住居における壁と閾に対応すると考えるべきなのだろうか。しかし距離の問題だとしても、それだけではかまどを守ろうとする姿勢が住居に反映していなくてもよいという理由にはならない。住居間の距離さえ問題にならないまったく孤立した住居でさえ、相互干渉に対する準備の場所を備え、装置としての閾をもっている例はけっして少なくないのである。離散的な集落における住居のかまどの開放性は、住居間の関係がコロニアルスタイルのそれとは性格をまったく異にしているところに起因しているようだ。血縁的な集団を思わせるチチカカの集落が手がかりになる。

血縁的な集団がひとつのまとまりをつくることは中南米ではけっしてめずらしいことではない。たとえばグァテマラのサン・ホルヘ・ラ・ラグーナの集落では、一家族に対して一住居が対応するのではなく、それぞれがひとつのクラスターを形成して、夫婦、親、兄弟、子供、孫といった親族単位の領域がより明快にあらわれて、かまどもこの領域に対応してただひとつだけ設けられている。当然家族の領域はきわめて不鮮明となる。後になってわかったことだがナベンチャウク（メキシコ）の集落も親族単位がひとつのクラスターを形成するものであった。ナベンチャウクはマヤ系の人々が住む集落で、数個の氏族集団からなり、氏族集団はまたクラスター化された親族集団に分割される。(6)

クラスターを組む各家族単位の住居には自己防御のための装置である閾もなく、かまどは開かれた場所にあると言っていい。食事は日常的には家族単位でとられるが、年に数回の儀式の際には、親族の長である長兄の家に集まってクラスター単位の宴が催される。食卓のまわりには長兄を頂点とする序列が厳密に守られるということであった。儀式にはその対象によって氏族単位でおこなわれるものと、クラスター単位でおこなわれるものとの二種類がある。氏族単位の場合、あの炉端でも見たように親族単位の序列は解消されて、氏族単位の序列のなかに包含される。ただ私たちの見た範囲では、ここでめだつのは氏族単位の領域であり、それに比べるとクラスターの領域も住居の領域も鮮明であるとは言いがたいものであった。

モルガンによればかつてはこんな氏族単位の集落が支配的であったらしい。アステカの人々は

「今でもその土地を共用し、親族関係の数家族より成る大家内に住み、またそう信ずべき有力な理由があるように、家内生活の上では共産主義を実行していた。彼等が毎日ただ一回の食事、晩餐をとったことは相当正確とされており、その際に二組に分かれて男子が最初に自分たちだけで食事をし、女と子供はそのあとで食事をした」[7]。ここにはもう夫婦、子供の関係を軸とする家族は存在しない。それを共産主義と呼ぶかどうかは別にして、少なくとも家族の領域が鮮明になるような場面がきわめて少なかったことだけは想定できる。婚姻ももちろん大家内、つまり氏族単位の問題であった。家族の個別性は氏族集団のなかに解消されて、ただひとつのかまどと食事の場所は家族でも親族でもなく氏族の領域に対応している。

先に述べたチチカカ湖の集落、トラニパタがやはりこんな集落に近い構造をもっている。明確な領域をもった浮島の上の住居は、仔細に見ると明瞭とは言えないまでもいくつかのクラスターに分節化されていることがわかる。ひとつのクラスターが親族単位なのだろうか。ひとつの家族に一棟が対応しているわけではなく、なかには二、三棟でひとつの家族を形成しているものもある。かまどは一家族に属してそれぞれに設けられてはいるが、そのすべてが戸外に位置して、家族の領域を不鮮明にする原因にもなっている。ただひとつのかまどをもつアステカの集落に比べれば、家族の領域が実現する場面ははるかに多いとは言っても、やはりここで支配的なのは親族の領域であり、それ以上に集落全体の領域であると言っていい。

集落全体の統一性を保存させるためにかまどは開かれた場所に置かれている。アステカの集落が集落全体の統一性を守るためにただひとつのかまどを有し、その前では家族の統一性や個別性が登場する余地さえまったくなかったのと同様、たとえかまどが各家族に属するものとしてあっても、集落の統一性の力学は家族の統一性を解消させる方向に働こうとする。そうでなくては家族は個別化して集落の統一性の絆は崩壊してしまうだろう。開かれたかまどの位置は家族が閉ざされた領域をもたないことを、つまり統一された全体なのではなく集落を形成する部品であることを表出しようとしているのにほかならない。統一された全体は集落の側にある。

なおここに言う開かれたかまどの位置とは、戸外につくられるもの、一室住居のなかに他のベッドなどの装置類と並列的に設けられるもの、あるいは分棟形式の場合にかまどを含む棟とそれ以外の棟とのあいだに序列の差がなく等質的に配置されているものを指している。食事の場所は戸外になることが多い。つまり開かれたかまどの位置は、住居が閾をもたないことと同義である。

5

領域は交差しないと述べた。それはなんらかの個別性と統一性を有するふたつ以上の領域が直接的に交差することはないという意味であった。家族は個別的な存在であり、閉ざされた領域をもつとも言った。

しかしすでにみたように、家族の領域がその含まれる血縁的な集団の領域と交差しようとするとき、ふたつの領域がともにその個別性や内部の統一性を保存したまま交差するのではなく、家族の領域は解消されて血縁集団の領域に包含される。つまり直接的に交差して対立しないようなシステムが注意深く守られているのである。それが集落形態を決定する最大の要因になっていることはおそらく疑う余地がない。離散的集落の住居間の距離が離れるほどその住居の個別性は高まるということはできても、開かれたかまどはそれが上位の血縁集団に属する一家族であることの表出でこそあれ、たんなる住居間の距離の問題として片づけられるわけにはいかないように思うのである。

集落が血縁的な共同体であるなら、そこに属する家族も同じ血縁体系の一端を担っている。家族、親族、氏族といった分類はここでは、それぞれ同じ血縁という同一平面上に連続したものとしてとらえることができる。つまりはじめからひとつの領域の内に包含されるべき構造をもっているものだとは言えないだろうか。

準位平面上にある不連続なふたつ以上の閉じた領域の場合を考えてみよう。異なる血縁的共同体の集まりである部族的な共同体、あるいは農業共同体に代表される地縁的な共同体が想定できる。前者を例にとれば血縁共同体の領域は、部族的な共同体の領域に包含されて解消されてしまうだろうか。そうではない。両者は次元のまったく異なる領域なのだ。むしろ逆に血縁共同体の領域の個別性や内部の統一性はより強固になり、そしてそれを守り、なお他の血縁共同体との交流を可能にするための装置である閾が発生する。そして異なる血縁的な共同体の閾が重なり合うところに〈中心〉の概念が生みだされる。そして中心に向かう序列もここに成立の基盤をもっている。それはそれぞれの血縁集団の中心であると同時に、その集合体である部族集団の中心でもある。つまり血縁をこえた複数の領域が交差しようとする矛盾を揚棄するための装置として中心はあらわれる。マヤの神殿や広場、あるいはメキシコ中央高原のテオティワカンのピラミッドはそんな中心の物象化された姿なのである。

血縁的な共同体と、例にあげたようなそれをこえた共同体とはまったく異なるものである。一方はあらかじめ同一平面上にあるものの集合体である。そしてきわめて権力的な中心の概念を導入しないかぎり、血縁をこえた集合体の領域なるものを想定することはできないはずなのである。もし外部とまったく接触しない血縁的な共同体が存在すると仮定すれば、おそらくその集落には象徴的な中心やそれに向かう序列は存在しないと言えるかもしれない。しかし実際には血縁的な共同体が領域をもつ場合、そこには必ず外部つまり他の異なる領域と干渉するための場所が準備されているものである。つまり閾である。その閾が集落の中心となる。ただその象徴性は、部族的集落や農業共同体的集落のような血縁の関係をこえた共同体の中心がもつきわめて強い象徴性に比べれば、はるかに微弱であろうことは言うまでもない。私たちが離散的と呼んだ集落の多くはこんな血縁的共同体であったのだろう。前にも述べたように教会や広場はあっても、それが必ずしも集落の中央部分にあるわけではなく、象徴性は希薄で弱々しい、ときにクラスターがめだつだけで、住居の布置にはそんな中心に向かう求心性はほとんどみられないのも当然で、それが印象としての平坦さの原因ともなっている。

一方、西ヨーロッパのキリスト教典型集落に代表される農業共同体、つまり地縁的な共同体の場合には、いまの血縁集団を家族と考えれば集落と住居との関係あるいは住居と住居との関係はやはり準位平面上の関係としてとらえることができる。血縁関係は住居内だけで完結し、血縁の絆をもたない住居間の関係は権力的な中心の象徴である教会を媒介としないかぎり成立しない。権力的な中心に向かう布置をもつ各家族の領域は血縁的集団の例とは逆により鮮明になりはしても、集落レベルの領域に包含されてしまうことはない。住居の最奥部に位置するかまどは家族の個別性と内部の統一性を守ろうとするための配列であり、閾は中心に向かって開かれることによって領域相互の交渉を可能にし、また一方、中心としての権力から家族の自律性を守るための防御装置ともなる。かまどの自律性と家族の自律性とは同義である。

それではコロニアルスタイルの平坦さはどう説明されるのだろうか。それがヨーロッパからの侵略者がもちこんだものだとしたら、なぜ求心的な布置をもつものにならなかったのか。平坦さの多くはそのグリッド状のプランに起因している。的確に答えるすべはいまのところないのだが、チャンチャン(ペルー)の遺跡が示すように、二軸方向の道路パターンをもつ計画はもともと先住民のもっていたものだと答えることもできる。しかしグリッドプランはメキシコからペルーまで私たちの道程のすべてを覆うものだった。このきわめて広範囲にわたる規格性はやはりなんらかの権力的な強請を伴っていると考えたほうが自然だろう。それは侵略者の先住民統治のための武器であったとは言えないだろうか。先住民の集落が血縁的なものであったにしろ部族的なものであったにしろ、どちらにしてもその集落の布置は彼らの生活と密着し、生活のすべてを育てはぐくんでいたにちがいない。

これはブラジルの例だが、集落の布置が「社会生活と精神生活との面でいかに重要なものであるかは、リオ・ダス・ガルサス地方の伝道師たちがボロロ族を改宗させるには、彼らの村を捨てさせて平行状に並んだ家のある他の村に移住させるのが最も確実な方法であることを知ったのでもわかる」(8)という記述にみられるように、グリッドプランは先住民の伝統的な生活を破壊し、侵略者の新たな規律に従わせるための策謀であったとは考えられないだろうか。均質性をその属性とするグリッドプランは伝統的な生活様式とはまったく対立するものだったのだろう。形式が先にあったと仮定すれば、平地や盆地につくられる例が多いのもただグリッドプランが起伏のある土地には適さないという単純な理由で説明できる。

近代のコミュニティ論は、血縁共同体としての家族の領域を認めたうえで、さらにその領域の集合による地域的な共同体を想定しているように思う。だがそんなコミュニティ論がことごとく失敗の結果に終わったことを私たちは知っている。すでにみてきたように、家族の自律性を保存したままその集合によるひとつの共同体をめざそうとすれば、そこにはきわめて権力的な中心を想定せざるをえないはずなのである。あるいは権力的な中心を排除して、かまどを軸とするような地域的な共同体を想定するなら、逆に家族の自律性は失われる。そして包含されるべき地縁共同体などというものをすでに失いつつある私たちのまわりには、それに代わる新たな共同体のモデルも発見されていない。

まだ領域論はそのモデルの朧気な輪郭を書き終えたにすぎないのである。

（1974.12）

注

（1）今和次郎『日本の民家』増補改訂版、相模書店、一九五四年（岩波文庫、一九八九年）。

（2）大竹秀男「徳川封建制下の〈家〉」、『前近代アジアの法と社会』勁草書房、一九六七年。

（3）G・ジンメル『集団の社会学』堀喜望、居安正訳、ミネルヴァ書房、一九七二年。

（4）ルイス・マンフォード『歴史の都市　明日の都市』生田勉訳、新潮社、一九六九年。

（5）テンニエス『ゲマインシャフトとゲゼルシャフト』杉之原寿一訳、岩波文庫、一九五七年。

（6）Evon Z. Vogt, "Some Implications of Zinacantan Social Structure for the Study of the Ancient Maya," *Actas y Memorias del 35th Congreso International de Americanistas*, Vol. I, 1964.

（7）L・H・モルガン『古代社会』荒畑寒村訳、角川文庫、改版一九七一年。

（8）レヴィ＝ストロース『悲しき南回帰線』室淳介訳、講談社文庫、一九七一年。

閾論Ⅱ　〈ルーフ〉に関する考察

1

住居あるいはその集合としての集落は、そこに住む集団の社会的な関係をコントロールする装置として働いている。コントロール装置であるためには、なんらかのからくりあるいは仕掛けを内包していなくてはならないはずだ。たとえば閉じられた領域内の秩序を維持し、かつ外部と交流するための空間装置を〈閾《しきい》〉と呼ぶとき、私たちはそうした閾をひとつの仕掛けとしてとらえようとしている。仕掛けは物的な表現としてつねに形象化されているはずだという期待がそこにはある。期待であると同時に、私たちの方法の前提でもある。ところが実際には、仕掛けは集落全体の社会的な諸関係のなかにたくみに組みこまれていて、ときには制度だとか規範だとかそこに住む人々の生活の向こう側に見え隠れし、行為に対応する機能としてでなければなかなか私たちには見えてこない。仕掛けを見るにはそれなりの準備が必要なのだ。路傍に転がる石を仕掛けとして発見するにはそれなりの準備が必要なのである。

不安はまだ保留されたままではあるのだけれども、三度の旅の経験は私たちにある程度の自信を与えるものであった。集落はわかりやすい。西ヨーロッパの農業共同体的集落、マグレブのメディナ、あるいは離散型と呼んだ中南米の集落、どれもが仕掛けを端的に示すものであった。私たちはそうした仕掛けを確認することで統一された領域の存在を予想し、各集落をパターンのなかに分類していった。わかりやすい集落とは仕掛けのよく見える集落のことであった。

とくに今回のインド・ネパール地区の調査に先立っておこなわれたイラクの集落調査は、そうした仕掛けとそれが明らかにする集団のあり方との関係を再確認するためにはまさに恰好の旅であったといえる。北のクルディスタンからチグリス・ユーフラテスの合流する湖沼地帯、そして西のシリア砂漠とそれぞれの風土に対応する集落の形態はじつに多様ではあるけれども、その仕掛けの構造はクルド人の集落を除いて基本的に同一だと言っていい。わかりやすい、つまり典型の抽出しやすい集落だと言うことができる。なかでもチバイシュ周辺の人工島の集落はその形態的特異性においてだけではなく、むしろ特異であるがゆえに住居やその集合としての集落の構造をひとつのモデルのように示すものであった。この集落はチバイシュから七〇―八〇キロほど離れた湖沼地帯に浮かぶ人工島の集落である（図1、写真1）。ひとつの家族がひとつの人工島に対応している。水深一、二メートルほどの沼に牛の糞や土、葦で固められた島と島との間隔は、五〇メートルほどであろうか。島には葦でつくられた三―四棟の小屋が建てられ、兄弟の家族を含

写真1　イラク、チバイシュ周辺の家族島

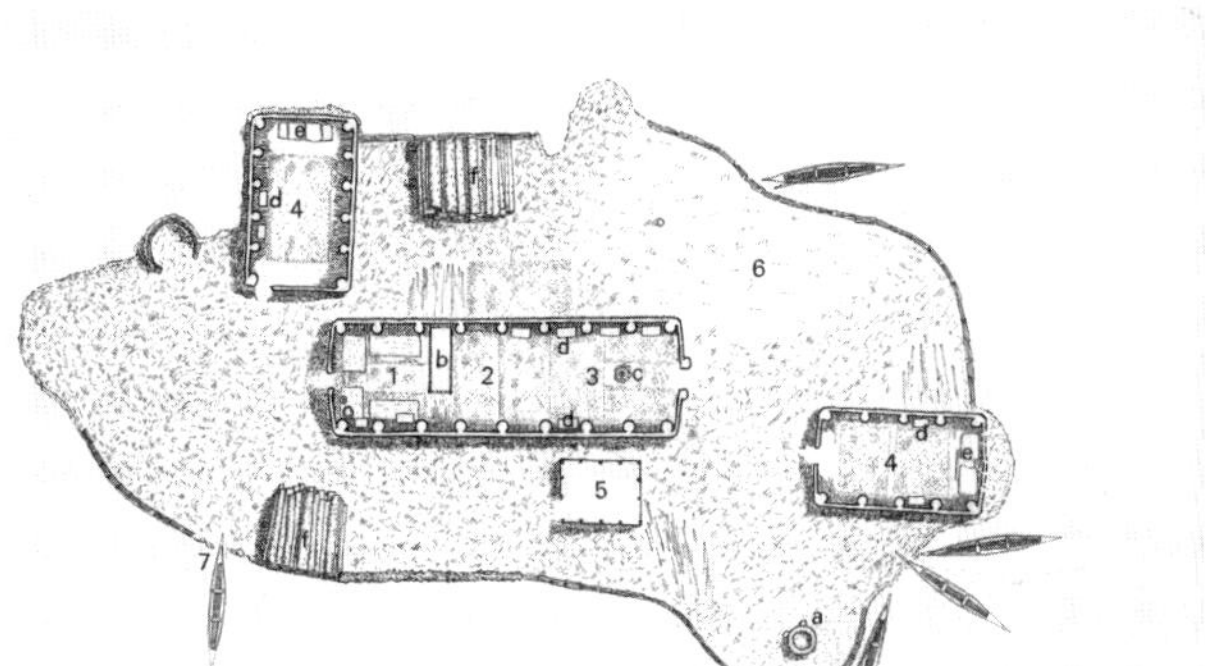

図1　同、チバイシュ周辺の家族島

めてひとつのかまどを中心にした大家族を構成している。小さな島とはいえ、舟着場はきちんと決められていて、そのすぐ前にマディフ(madhef)と呼ばれるゲストハウスがある。マディフは独立した棟になる場合と、その他の寝室だとか台所だとかと結合してラバー(rabaa 主屋=ゲストルームをもった棟)と呼ばれる棟をつくる場合とがあるが、それでも他の部屋とは gatté と呼ばれるパーティションによって仕切られ、ゲストルームの使い方は基本的にマディフと同じだと考えていい。ゲストルームに入ることができるのは成人した男だけで、一般に中央には炉が切られていて、そのまわりでの行為の仕方は、日本の茶室でのそれのように厳密に定められている。壁を背にした中央に家父長が座り、その両側に敷かれた細長い絨毯に客や他の家族の構成員が座る。さまざまなサービスをするのはもっぱらこの家父長で、女がここに顔を出すことなど絶対と言っていいくらいにない。マディフはこの家族島全体の秩序を維持し、かつ外部と交流するための空間的装置、つまり家族単位の閾である。逆の言い方をすれば、私たちはこの閾によって島の上の家族をひとつの単位として確認し、またその中央に座る男を家父長として確認することができるわけである。

いくつかの家族島が集まって fukhidh という血縁集団を構成し、四—五 fukhidh で、ashira と呼ばれる部族集団をつくる。この ashira 単位のゲストハウスも同じようにマディフと呼ばれ、集落全体の閾になっている。この閾を管理する者が部族の首長 shiekh である。部族集団のマディフの存在は、血縁関係をこえたきわめて権力的な支配機構の存在を予想させる。そうでなければ家族

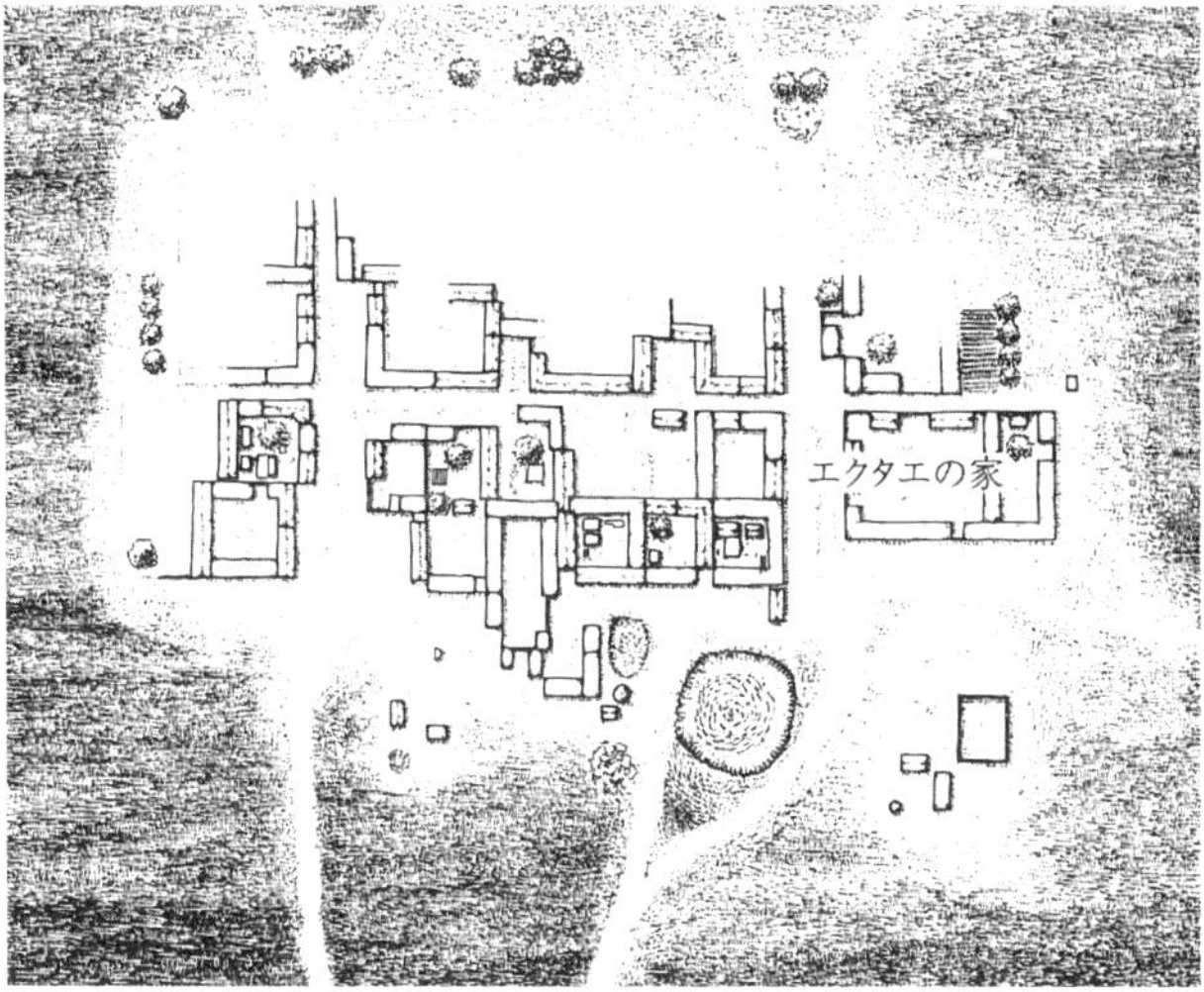

図2　イラク、ヌマニアの集落全体図

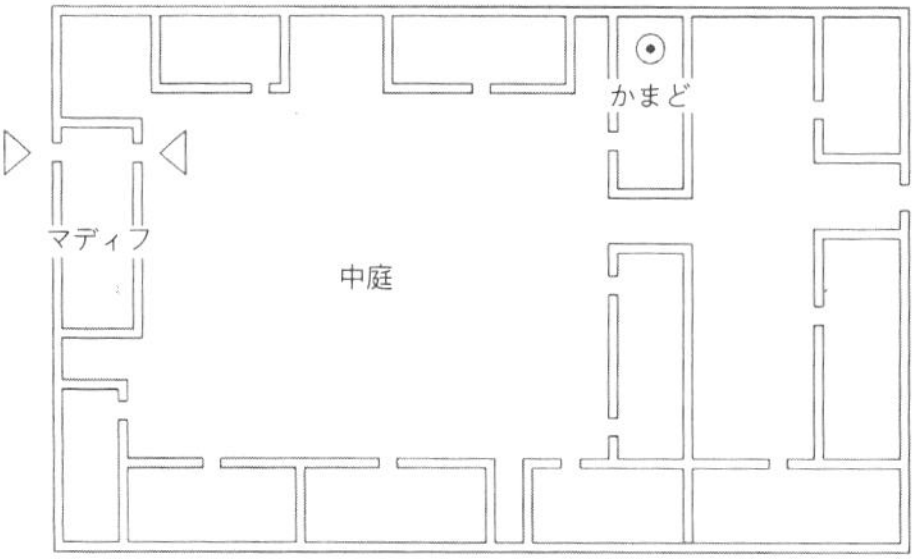

図3　同、ヌマニアの住宅平面図

の閾と集落全体の閾とが両立することなどありえないはずなのである。さらにヌマニアの集落（図2・3）のように首長の家族のマディフがそのまま集落全体のマディフになるといった例を見るとき、首長の集落全体に対する位置はより鮮明になるといえる。

ヌマニアは北のステップ平原地帯に点在する集落のひとつで、話によればエクタエ（ektaee）と呼ばれる領主によってつくられたプランテーションであったらしい。計画された軸方向性プランが、そんな話を納得させる。各住居は基本的にロの字型のプランで、入口のすぐそばにマディフをもっている。集落へのアプローチ道路の幅が多少広くなって小広場を形成し、その小広場に面してエクタエの住居があるのだが、他の住居との際立った違いは、たんにその大きさだけにあるのではなく、マディフへの入口が直接小広場に面しているところにある。つまり他の住居のマディフへの入口が各住居の中庭に面しているのに対して、エクタエのマディフだけは外に面するドアと中庭に面したドアとふたつの入口を有し、外部からの人は一度このマディフに入らなくては中庭に行けないようになっている。閾の仕掛けとしての構造がより厳密だということができる。厳密さは、このマディフがたんに自分の家族のマディフだけとしてではなく、集落全体のマディフとして使用されるところにある。いまではすでにエクタエという地位は剝奪されているにもかかわらず、村人は何か事があるとここに集まり、マディフはゲストルームであると同時に村全体の集会室にもなっている。エクタエの家に訪れる客は集落全体の客と同じように扱われる。この小広場と集落全体のマディフを所有する人がエクタエと呼ばれるのである。

　エクタエによって直接的に支配される者が各家族の家父長であって、彼らはそうした支配機構に直接組みこまれているがゆえに人格をもった個人として扱われ、家族の他の構成員を支配する資格をもつ。閾としての各住居のマディフはこの家父長の人格を表出する場所であり、また家族の内的な秩序を維持するための装置でもある。ここでは集落全体の、エクタエの閾によって維持される領域と、各家族の閾によって維持される領域とは準位平面上にある不連続な存在だと解釈することができる。一方には血縁を軸とした集団が対応し、他の一方には血縁関係をこえた支配機構が対応する。閾を仕掛けとして見るかぎり、住居の構造も、集落の構造も同一のモデルとして表現できる。閾はそれが閉じたひとつの単位であることの表現なのである。

2

　イラクの集落は閾を観察の手がかりとするかぎり、たとえ現象的には多様な姿を見せるとしても、基本的にはわかりやすい、整合的な集落だと言うことができる。過去三度の旅でおぼろげに理解していたものをより確実に自分のものにできたという自信が私たちには芽ばえかけていた。ところがそんな自信などボンベイに着いたとたん、こなごなに砕け散ることになる。

　暑熱、人、牛、クラクション、香料、タクシーのなかに伸びる物乞いの手。アスファルトの路上に寝起きし生活する人々の前で仕掛けなどと言ってみたところでなんの役に立つものか。「社会における支配的な関係は物象化されている」[1]とすれば少なくとも物象化されるだけの最低限度の生活がそこに成立していないかぎり、私たちの目はその視点を定めることができない。ところが実際にインドの集落を見て私たちがとまどうのは、あまりにも関係は錯綜してそれぞれのものがもつ意味を正確に把握できないばかりでなく、何がひとつの閉じた単位なのか、ということすらがわからないのだ。中心がない。

たとえば西ヨーロッパの教会、イスラムのモスク、イラクで見た集落の中心としてのマディフ、そうした求心性がインドの集落にはない。マンディールというヒンドゥー寺院あるいは祠はあちこちにあるのだけれども、ほとんどは集落の端部に驚くほどひっそりと建てられている。境界がない。おそらく尋ねれば人々は集落の境界を指し示すであろう。村には境界を監視する役割をもった男もいる。しかし樹木や川や岩が目印になった境界をそれと教えてもらわないかぎり、私たちには見ることもできない。同質性の欠如。イラクの家族島、クエバスの換気筒、ガルダイアのコートハウス、あるいは砂漠のドーム。一定の地域には一定の様式が対応する。材料や形あるいはその使われ方の同質性が共同体の存在を暗黙に指示し、私たちはそうした同質性を頼りにある地域を他の地域と区別しながら、異なる地域を次々に縦断することによって旅のルートを確認する。ところがインドでは集落はまたたく間に変化する。穀物入れだけがめだつ藁葺き屋根の集落の隣に瓦屋根の集落があり、その向こうにはイスラム風の白い壁の集落が見えるといった具合に、地域的な同質性を把握するのがきわめてむずかしいのだ。おそらく巨視的にみれば、集落形態はなんらかのかたちでパターン化されるのかもしれないが、私たちの視線からはそのパターンがまったく見えない。

同質性の欠如はたんに集落間の問題にとどまらない。集落の内部にあっても、中庭を囲むロの字型プランの住居があるかと思えば一棟型式のプランもある。だから横から見た集落のエレベーションはなんとなく貧弱で、切妻あるいは寄棟の平屋のなかに突然煉瓦やコンクリートでできた二階建てのシルエットが突き出ていたりして、そしてそこに住む人が必ずしも集落の中心的な人であるわけではなく、ただたまたま裕福なだけだと村の人々は言う。

宗教や職業のような、共同体の秩序を維持するのにもっとも重要と思われるものでさえ、ひとつの村で完結しない。たとえばインドの旅を始めてすぐに訪れたレイ（図4）という集落にはヒンドゥー教徒と仏教徒とが共存し、あるいは農業を専業とする者、牧畜を専業とする者、そして音楽師や職人までも含めたじつに多様な職種の人々が住んでいる。四本のすでに廃墟になった土の塔を囲むかたちでなんとなくゾーニングされているのが農耕民で、その一部のクルドサックの道に面して、仏教徒の人々の家が建てられている。牧畜を専業とする人々の住居は四本の土の塔から離れて木立のなかに散在し、藁葺きの小屋は貧弱でどれが住居でどれが家畜小屋なのか見分けがつかないほどである。このふたつのゾーンのあいだに広場と呼べば呼べるといったようなあきがあり、小さな三つのマンディール（祠）と学校が建てられている。このあきは言ってみればたんに農耕民と牧畜民とを分けるためのあきなのであって、中心的広場という趣からはほど遠い。

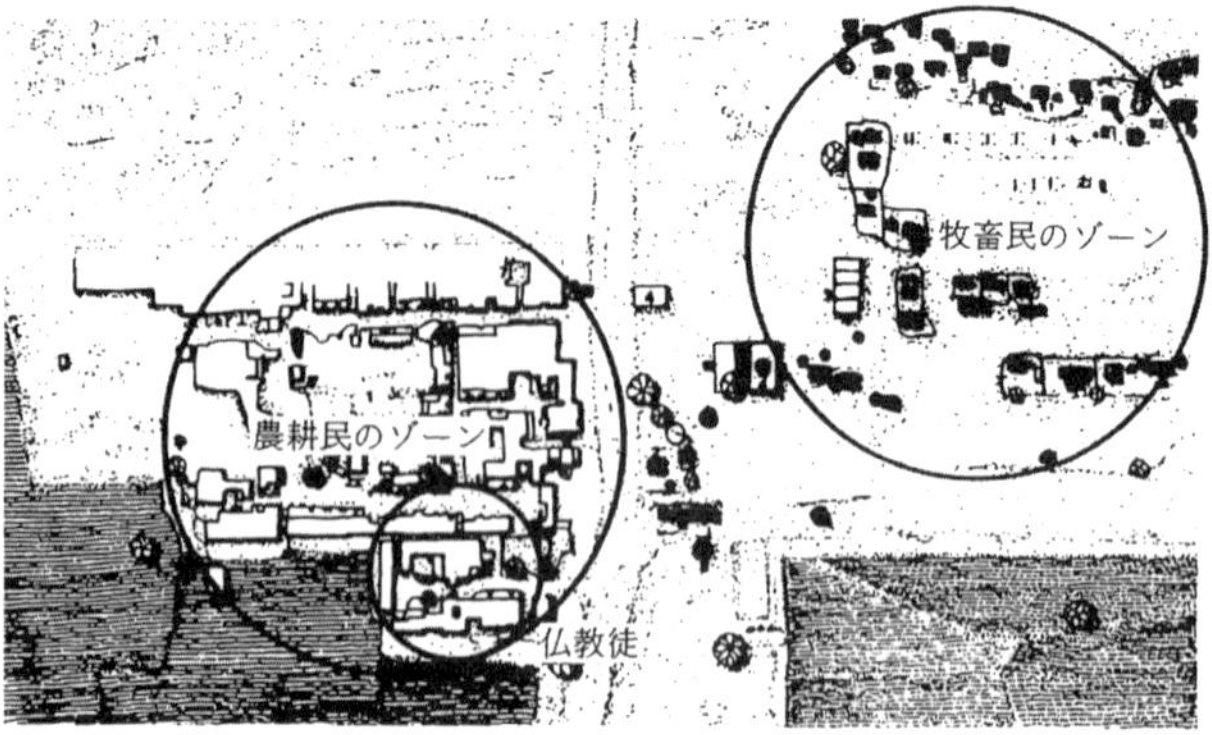

図4　インド、レイの集落全体図

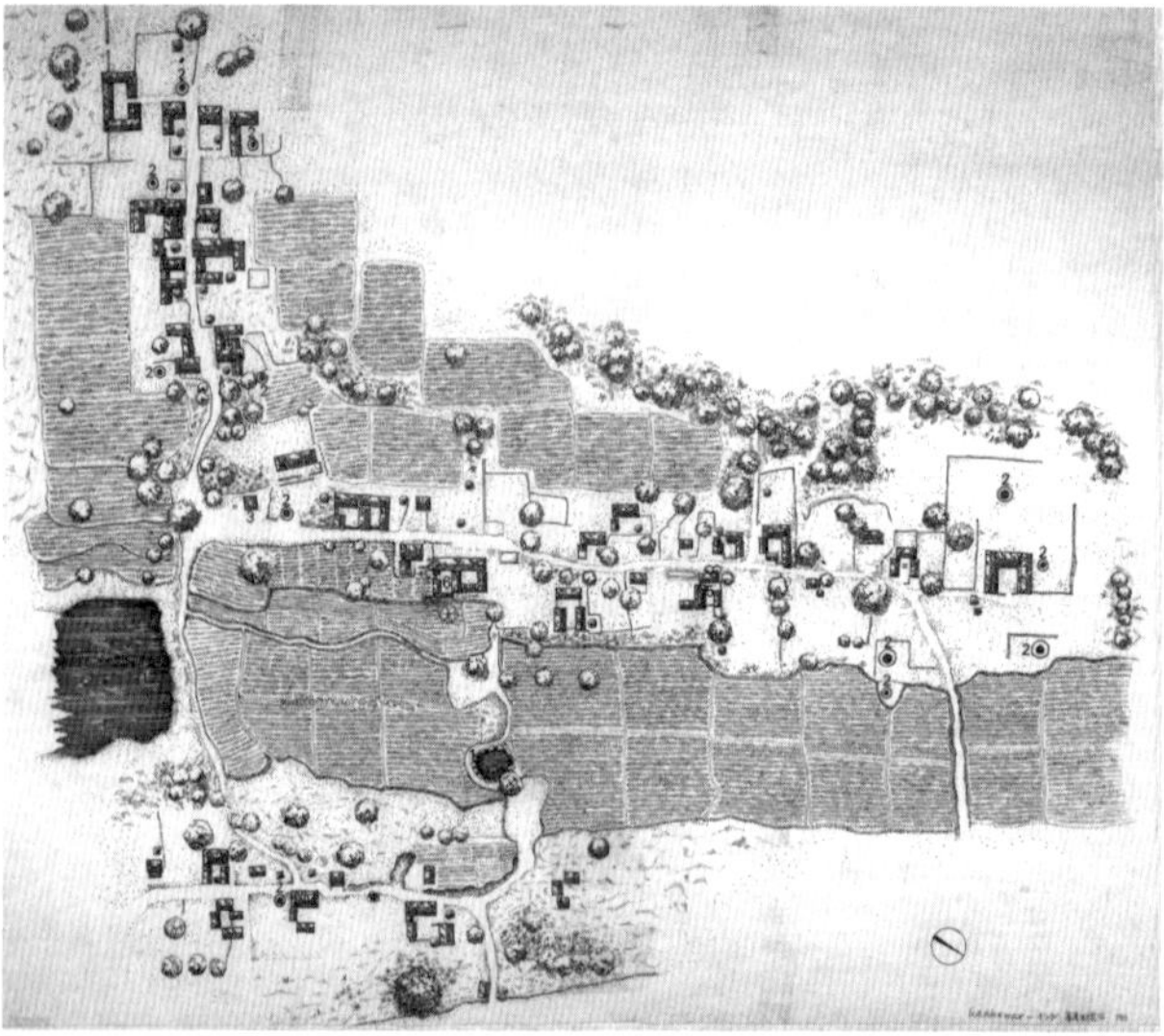

図5　同、カンケワールの集落全体図

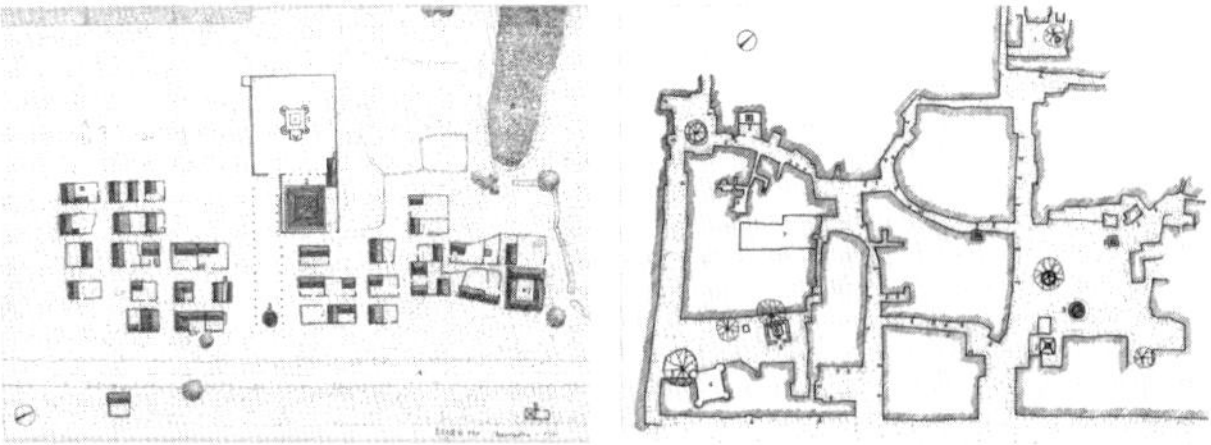

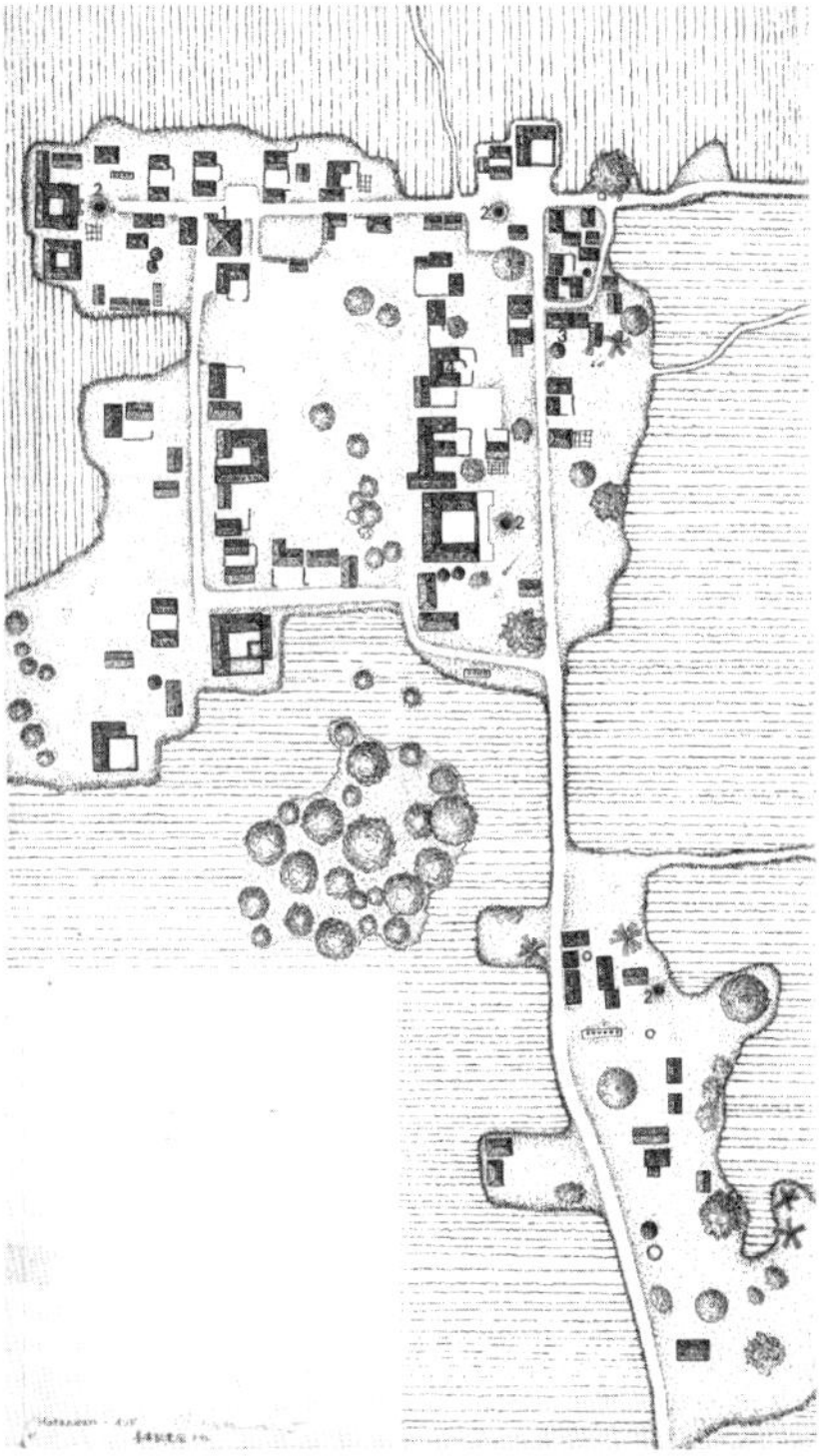

図6（上）インド、チャローダの集落全体図
図7（下）同、マタンワリの集落全体図

中心というよりも集落全体の重心は四本の塔のまわりのゾーンにありそうだ。

インドの集落で特徴的なのは中心でもなく境界でもなく、あるいは各住居の同質性でもなく、こうしたゾーニングなのである。マンディールや沐浴のための池や井戸はシンボリックな中心であるよりも、いくつかのゾーンを分離するための結界であるようだ。レイだけではなくランジャンガオンという集落でも、カンケワール（図5）でもチャローダ（図6）でもマタンワリ（図7）でもゾーニングだけははっきりと私たちにも識別できる。ところがとまどうのはそうしたゾーンとゾーンとの距離が場合によってはあまりに離れて、いくつかにゾーニングされたひとつの集落なのか、あるいはたまたま近づいているふたつ以上の集落なのか判然としないのである。たとえばチャローダの集落には白く高い壁と細い曲がりくねった道、閉鎖的な入口などで構成されたイスラム教徒のゾーンとグリッド状に切妻屋根の住居が並んだヒンドゥー教徒のゾーンとがある。一方にはモスク、一方には極彩色に塗られたマンディールが対応するふたつのゾーン間の距離は三〇〇メートル近くも離れている。同じようにカンケワールの集落もL字型に配置されたふたつのゾーンからできているのだが、そこから一〇〇メートルほどの距離のところに小さな集落がある。この小さな集落もまたカンケワールの一部なのだろうか、あるいは独立した集落として見るべきなのだろう。

ゾーニングがよく見える。そして中心的ゾーンがどこなのかも比較的わかりやすい。しかし一方では、こうしたゾーニングが集落全体の中心や境界をわかりにくくしている原因でもあるのだ。

3

中心的ゾーンにはときには二階建ての大きな住居などがあって、他のゾーンよりはなんとなく豊かそうに見えもする。かといってひとつのゾーンが同一の住居パターンによって構成されているわけでもなく、中庭をもったロの字型プラン、分棟型式のプランあるいは小広場を囲んだクラスター形式の住居、離散的に建てられる住居があるかと思えば、隣同士が一枚の壁を共有するように建てられる住居もある。インドの住居プランを整理していこうとすれば、おそらく私たちが過去の三度の旅で遭遇したすべての住居プランが対応するとさえ思えるほどである。こうした多様な住居形式をいくつかのタイプに類型化することができるのだろうか。

私たちは仕掛けとしての閾、あるいはその閾によって閉ざされた領域の象徴としてのかまどの位置、そうしたものを頼りに類型化の作業を進めてきた。類型化されるためには対象の範囲、あるいは単位が明確になっていなくてはならない。つまり住居という共通の単位とその領域が設定されないかぎり類型化は不可能である。

ところが集落全体の範囲が不明確であるのとまったく同じように、住居のレベルでもそれをひとつの閉じた単位として指示することがきわめて困難なのである。たとえばひとつの集落のなかだけで私たちは数種類の住居タイプをあげることができる。ひとつはまったく窓のないかまどの切られた部屋とその前にある開放的なベランダのふたつの部分の組み合わせによる住居である。そして小広場を囲む住居は数戸でひとつのクラスターを構成しているようにも見える。クラスターを一単位として見ることもできるのである。小広場は集落の細い街路から多少入りこんだ位置にあり、各住居のかまどのある場所はベランダを介さずに直接この小広場に面している。こうした〈開かれたかまど〉をもつ住居は一般的に家族をこえた血縁集団に組みこまれていることが多い（「閾論I」参照）。おそらくこの場合も小広場を囲むクラスターをひとつの閉じた単位として見たほうがよさそうだ。しかし血縁集団を単位の軸として想定しようとすると話はもっと複雑になる。

　たとえばレイという村の兄弟の家族が同居している住居は、クルドサックの道にプラットフォーム状のベランダが面している。窓がまったくなく、昼間でも真っ暗なその奥の部屋は寝室兼物置に使われていて、裏の畑につながる台所はふたつに仕切られ、兄と弟のそれぞれの家族によって厳密に使い分けられている。これは共同で住むふたつの家族なのか、それともかまどをふたつもったひとつの家族なのか。こうした夫婦とその子供たちを単位としたいくつかの家族がひとつの屋根の下に共同で住むというケースは、他の集落でも頻繁に見受けられる。しかしその住まい方はさまざまで、各小家族がそれぞれかまどをもって集合している場合もあれば、いくつかの家族が集まってひとつのかまどを共有する場合もある。さらに兄弟や親子がそれぞれ独立しながら隣りあって住み、ひとつのクラスター、あるいはコンパウンドを形成する場合などもあって、ひとつの家としての単位をどこに絞りこめばよいのかがまったく判然としないのである。
このようにインドの集落の特徴は住居のレベルからクラスター、ときには集落のレベルまでもが血縁を軸にして連続的につながっていて、かまどをひとつの単位として見ればそれなりに対応する集団が浮かびあがり、またその集合の単位を想定すればやはりそれに対応する確固とした集団を指示することができる。住居は閾によって閉ざされた、本来個別的な存在であると私たちは考えている。この場合どのレベルを閉じた単位として設定すればよいのだろうか。おそらくインドの集落あるいは住居を考察しようとするとき、まずこうした連続性をどこかで切断して、ひとつの〈単位〉をどこに想定するべきなのか。その単位を決定するための作業が必要なのである。

4

〈マナサラ〉と呼ばれるデザイン標準が定められていた。「マナサラはおもにふたつの視点で都市構造に深くかかわっている。第一に都市は宇宙の形象として描かれる。つまり都市自体がひとつの小宇宙であり、それゆえに宇宙の忠実な複製として都市は計画される。また一方では、都市は巨大な環境として組織化された宇宙の一部分でもあるのだ(2)」。基本的にはシヴァ神あるいはヴィシュヌ神を中心にした〈マナサラ〉の都市標準は全部で八種類(図8)あって、そのひとつをネパールのカトマンズ盆地に見ることができる。もともとネワール族の地であったこの場所は、

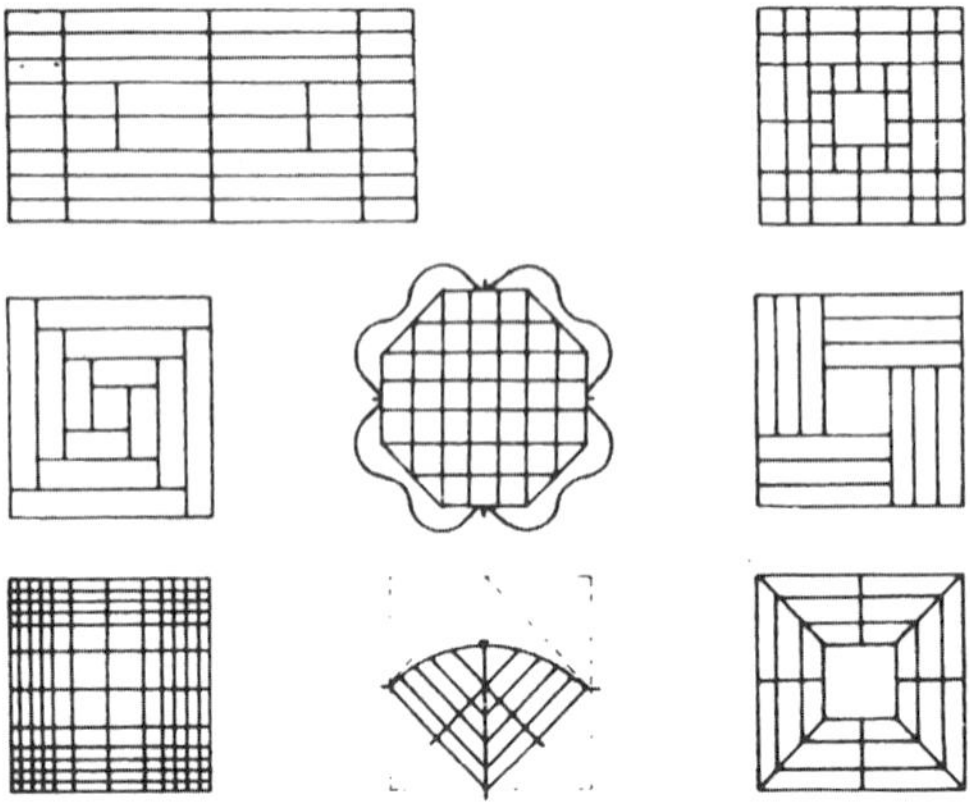

図8 〈マナサラ〉による8種類の都市デザイン標準

インドとチベット方面との交易の中継点でもあり、またヒマラヤに囲まれた自然の要衝でもあったため、古くからインドの植民地的扱いを受けてきた。中南米の各都市がその地形とは無関係にスペインのもちこんだ規格によっていたのと同様、カトマンズ盆地の三つの都市もまた〈マナサラ〉の標準がインド本国のそれよりもより忠実に実現することができたのだろう。

カトマンズ盆地の三つの都市のひとつであるカトマンズでは、もともとインドとチベットの交易ルートが南西から東北へ向かう軸をつくっていた。しかし〈マナサラ〉のデザイン標準によれば都市は南北を軸線にするものでなくてはならないため、そうした交易ルートとは無関係に〈マナサラ〉のグリッドプランが貫徹されている。いまではすっかりスプロールしてしまっているが、本来〈マナサラ〉はその境界を明確にするものであった。つまり内部のシステムと境界とを明らかにすることによって、その地域を閉じたひとつの宇宙として形象化することが可能になるということができる。そして〈マナサラ〉の標準はたんに都市的レベルだけに関わるのではなく、盆地全体から住居のレベルまでをも包みこむものであった。

「ネワールの家もまた都市のレイアウトと同じ発想にもとづいている。南北を軸線とした口の字型プランの中庭は家庭の祭壇であり、彼らが仏教徒ならストゥーパが、そしてヒンドゥー教徒ならシヴァ神が祭られる」。ここでは住居もまた都市を構成する部分であると同時に、それ自体ひとつの〈宇宙〉でありうる。また盆地全体についてもそれがもともと険しい山々に囲まれ、簡単には侵入者を許さない場所であったのと同時に、盆地の周囲にそれをたどればほぼ南北を軸とする矩形が描けるような位置に四つのヴィシュヌ神を祭る祠が建てられ、〈マナサラ〉が踏襲される。〈マナサラ〉は自然でさえもいとも簡単にシステムをもったひとつの閉じた〈単位〉に変えてしまうことができる。〈マナサラ〉とは曼陀羅のことである。

〈マナサラ〉は世界を秩序づけるその方法である。盆地、都市、住居が同一の構造をもつということは、それぞれが閉じたひとつの〈単位〉であり、〈全体〉であることを意味している。盆地は都市という単位をそのうちに含み、都市は住居という単位によって構成されている。逆の言い方をすればさまざまな部屋の布置が標準として定められ、その結果として住居の単位を決定し、また住居の布置が都市を決定する。

このカトマンズ盆地にかぎらず、世界のさまざまな地域はその地域なりに〈マナサラ〉のようなデザイン標準をもっている。西欧の農業共同体的集落は中心の教会へ向かう配列をもち、その配列と各住居の構成とが密接な関係をもっている。中南米先住民の集落は離散的に配列されることによって各住居の〈開かれたかまど〉の位置を可能にしている。インドの、私たちにはあまりに多様と映る集落や住居にもこうしたデザイン標準が必ずあるはずだ。しかしすでに見てきたように私たちの手持ちの札は多くない。少ない手がかりのなかからそれらしいものを探しだそうとすれば、集落レベルにおける〈ゾーニング〉と住居レベルにおける〈ベランダ〉だろうか。少なくともこのふたつだけはどんな集落においても際立ってめだつのである。

おそらく夏の暑さから逃れるためにはこのベランダはどんなにか有効なことだろう。しかしそれだけではなくもっと深いところで、つまり集団の秩序を維持するためのなんらかの仕掛けとして集落全体に関わっているのではないだろうか。そうでなくては、ネパールの山の中から南インドまで、そしてそれがどんなに貧しく小さな家であっても、あらゆる住居パターンをこえて貫徹されるなどということはありえない。ベランダはおそらくインドの住居における〈標準〉であるはずだ。

男女隔離の原則が厳しいインドでは、男に属する場所と女に属する場所とがはっきりと定められている。男に属する場所はダルワザ（darwaza）と呼ばれ、アンダーラート（andarat）とドゥエリ（dueri）は女に属する場所である。ダルワザは門、入口という意味であり、アンダーラートは奥、ドゥエリには中間という意味がある。字句に従って並べると手前からダルワザ、ドゥエリ、アンダーラートの順になるわけだが、ネパールの〈マナサラ〉による住居もこれと同じ形式をもっている。通りに面して、目玉の描かれたドアをもつ部屋がダルワザであり、シヴァ神が祭られた中庭がドゥエリ、その奥がアンダーラートである。そしてベランダはこのダルワザが具体化されたひとつの標準解だということができるのである。

男たちは仕事のないときには一日中ここに屯して道往く人と話を交わし、夜にはベッドをもちだしてこのダルワザで眠る。ダルワザはベランダのように屋根と道より多少高くなったプラットフォームだけで構成される場合もあれば、ときには多少の壁で囲われる場合もある。そしてイラクで見たあのマディフのように女たちのいる母屋から完全に切り離されて、男の場所＝ゲストルームの性格をより強くする場合もある。

ドゥエリはアンガン（angan）と呼ばれる中庭に対応する。中にはトゥシィ[3]（聖木）が祭られ、ときには井戸が掘られている。そしてアンダーラートはかまどの場所であり、食堂であり、そして女たちの寝室である。小さな住居になるとドゥエリとしての中庭をもたない場合のほうが多くなるが、それでもダルワザとアンダーラートの関係だけは断固貫徹される。

この三つの場所の布置は〈マナサラ〉と同じインドにおける住居の〈標準〉なのである。そしてそれは〈閉じたひとつの単位〉であり、秩序を内包する〈全体〉でありうる。血縁関係が連続的であろうとなかろうと、支配関係がどんなに錯綜していようと、そして住居の現象的パターンがいかに多様であっても私たちはこの〈単位〉だけに注目すればよい。

5

一般には家族単位は血縁だとか性的な関係の範囲として説明され、そしてその集合である共同体は支配所有関係あるいは制度の結果として説明される。住居や集落はそうしてすでに決定された単位としての家族や共同体に一方的に対応するものでしかない。しかし、家族↓住居、共同体↓集落という一方通行の図式をこえて〈マナサラ〉の標準がそうであったように、そしてイラクのマディフを核とした住居と集落がそうであったように、ひとつの世界観を象徴する〈単位〉として住居や集落を確認することも可能なのではないだろうか。それはおそらく機能をこえ、家族、親族、血縁集団といったスケールを捨象された〈単位〉である。

こうした〈単位〉を〈ルーフ（roof）〉と呼ぶ。〈マナサラ〉によって標準化されたカトマンズの盆地、都市、住居はそれぞれひとつのルーフである。そしてマディフを中心にしたイラクの家族島も、その集合である ashira もまたルーフとしてとらえることができる。言ってみればルーフは闔によって秩序づけられた閉じた領域のすべてにあてはまる概念である。ダルワザという闔、そしてドゥエリ、アンダーラートによって概念的に秩序づけられたインドの住居はひとつのルーフである。だとすれば、このルーフを具体的な集落や住居のなかから抽出してゆくことによってインドの普遍性あるいは特性といったものを考察することができるはずだ。

血縁関係を軸にするかぎり、きわめて錯綜したインドの家族も、住居の側からルーフを頼りに考察してゆけば、いくつかの類型に分類することができる（図9）。

（1）ひとつの閾（ダルワザ）とひとつのかまどをもったアンダーラートによるルーフ。

（2）閾とかまどはそれぞれひとつしかないが、アンダーラートがいくつかに分割されているもの。

（3）ひとつの閾に対してそれぞれかまどをもった複数のアンダーラートによって構築されてい

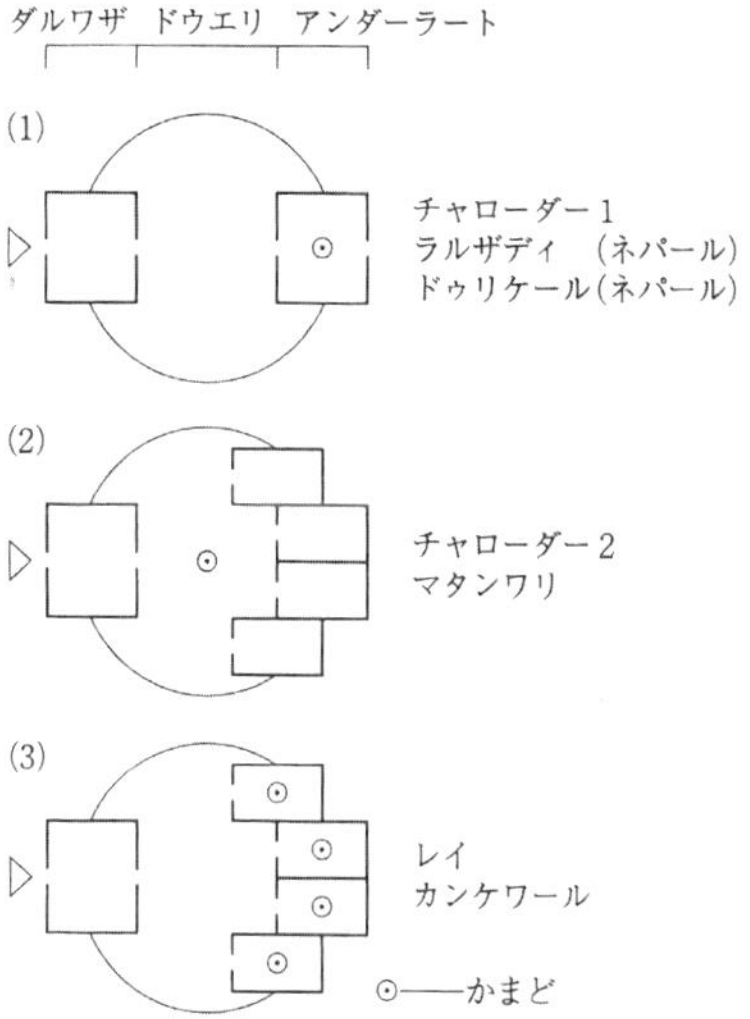

図9　インドにおける住居の3つの類型

るルーフ。

おそらく以上の三つに大きく分類できると思われるが、それぞれのルーフは単独で建てられる場合もあれば、いくつかが集まってクラスター、あるいはコンパウンドを構成する場合もある。こうして分類されたルーフは、血縁的あるいは制度的な家族とどう対応するのだろうか、問題になるのは（2）（3）のタイプおよびそれぞれのタイプが集合して血縁的なコンパウンドを形成する場合だろう。

インドの家族形態は合同家族（joint family）として知られている。その特徴は、すでに結婚した兄弟の家族の共住にある。「合同家族とは、父系の先祖を同じくする二―四世代の男子と、かれらの妻および未婚の娘たちから成り、同じ家屋に住むとともに、家屋・田畑その他の財産（家産）を共有し、同じ台所で料理したものを食べ、家庭祭儀を共同で行なう大家族のことをいう」[4]。家父長の地位は一般に長兄が継承するが、「その共有財産に対して、その父系男子構成員は平等な権利をもっている。法的には、ミタクシャラ法に従い、父系男子成員は、年齢、家長との続柄のいかんを問わず、出生と同時に他の男子成員と平等な権利をもつのである」[5]。こうした合同家族はひとつのかまどを中心にしてひとつ屋根の下に住むのが理想とされているが、もし理想どおりに生活しようとすれば論理的には家族の範囲は無限に拡大してゆくことになる。しかし現実には息子が結婚して新たな棟をつくる例もあり、合同家族が存在するタイムスパンはそう長くはない。「父の死というものが大家族分裂の一つの代表的な大きな要素となっていることはいうまでもない」[6]。日本の家族が家父長から長兄への継承線による直系家族の存続をその基本理念とするのに対して、インドの合同家族は「拡大、分離、分散、分裂、消滅、新生といったさまざまなプロセスを経ながら形成され、一定期間存続する」。

私たちの見た三つの類型は、そうしたインドの家族のそれぞれのプロセスに対応したものだと言うことができる。インドの住居が多様に見えるのもそれが完成された不変の形態なのではなく、プロセス上の一切断面であることに起因している。(1)(2)(3)の類型はひとつの時間軸上での変様過程にすぎず、構造的な違いをその内に含むものではない。仮想的に述べれば、家族内の成人男子の結婚を契機として類型(1)から類型(2)へ移行し、その経済的独立性が高くなるに従ってかまどもまた分割されるようになる。「台所を分けないと女房同士が喧嘩するものだから……」との返事であった。類型(2)から類型(3)への移行である。しかし(3)の場合でも中南米の〈開かれたかまど〉がそうであったように、それぞれのかまどを単位とする集団が表出される場面はきわめてわずかであり、家族共同体の〈単位〉はひとつのダルワザ＝閾を核とする集団、つまりルーフに対応するものだと言うことができる。

もし構造的な変質があるとすれば、かまどだけの分割ではなく、ナスノダの住居のようにダルワザ、ドゥエリ、アンダーラートのワンセットすべてが分割されるときだろう。それがたとえ隣りあった兄弟の家族であり、合同家族と呼ばれ、血縁的な関係としては三つの類型となんら変わるところがないとしても、それぞれの家族は家父長を頂点とする家族共同体内の関係をこえてすでにそれぞれのワンセットが独立した、つまりは社会化された単位としてとらえることができる。

6

集落のなかでめだつのはゾーニングであった。社会化された関係とは、おそらくこのゾーニングに関わった関係のことである。多くの場合、ひとつのゾーンは同一の血縁集団によって占められている。ところがこの血縁集団はゾーンの内側に閉じられているわけではなく、その範囲はきわめて広い。たとえば血縁単位のひとつの目安とされている外婚集団の範囲はひとつの集落内だけではなく、「その村を含んだより上位の単位、例えば、四ヵ村などと称される範囲も外婚的集団として除かなければならない。こうして外婚的単位は、インドでは、外婚的・単系的血縁集団としての〝クラン〟(clan)であるとともに、それに何らかの地域的範囲を加味した〝ゴートラ〟(gotra)でもある」[7]。ゴートラとは、しかし伝説的同一先祖の子孫であるという認知の問題であって、「現実的・客観的に血縁が確認されているといった狭い範囲のものではない」。と同時にふたつの異なったゴートラ間での女性の交換も認められないため、「妻は低い方からもらい、娘は高い方へやるという運動法則と結びついていて」、ゴートラは〈農村コスモポリタニズム〉と言われるようにその範囲をますます広げながら、一方では集団間のヒエラルキーも固定化されてゆくことになる。こうした集団はもはやたんなる血縁集団というよりも、ひとつの支配機構のなかで階級として位置づけられた集団と呼んだほうがふさわしい。つまりはカースト集団である。当然婚姻関係は同一カースト内に限られ、カーストは外婚集団をその内に含む内婚集団である。

同じ血縁集団にもとづくといっても、中南米の先住民集落はもっとはるかに閉鎖的で孤立的であった。そしてその内部にあっては逆に闕をもたない〈開かれたかまど〉の住居によって家族集団より集落単位としての血縁集団の絆を強く表出するものであった。ルーフは住居の側にではなく集落の側にあるということができる。もしインドの集落を血縁軸だけで切断しようとすると、この広い横の拡がりのなかから集落あるいはゾーンの単位が切りとられる契機をおそらく説明することができないのではないだろうか。住居レベルにおいて執拗なまでのダルワザ＝闕は、それが閉じた個別的な単位つまりルーフであることを表出している。こうしたルーフの集合であるゾーンがもしひとつの大きなルーフであるなら、そこには血縁集団であることをこえたなんらかの権力的中心を仮定せざるをえない（前稿参照）。つまりゾーンレベルでの整合的な秩序や闕を想定せざるをえないのである。イラクのマディフあるいは〈マナサラ〉がそうであったように。

中心的ゾーンがめだつのはそれが体制としての権力に直接結びついたゾーンだからである。インドの体制というと、私たちはカースト制度を思い浮かべる。バラモン、クシャトリア、ヴァイシャ、シュードラという四つの身分は本来皮膚の色を意味する〈ヴァルナ〉と呼ばれ、四つのヴァルナが体制、つまり上からの概念的枠組みであるのに対して、〈ジャーティー〉と呼ばれる集団は主として職業に関わる集団である。二千以上にものぼると言われているジャーティー集団は不可触民（アウト・カースト）を除いて四ヴァルナのいずれかに属しているが、こうしたジャーティー集団がもっとも顕著にあらわれるのは集落の内部においてであると言うことができる。

インドの村落共同体は「六十人の農民と十二種類のバルテー職人」[8]と象徴的に言われるように農業カーストと農業カーストにサービスする権利をもった職人（バルテー職人）によって構成されている。非農業カーストは世襲的に定められた職業（ジャーティー）をもち、「その職業を通じてサービスする相手（顧客）をも世襲するのであり、各人は特定の相手とのみ取り引きするように定められている」[9]。皮職人、掃除人、壺つくり、水運び人、洗濯屋、大工、床屋、仕立屋、鍛冶屋、商人などのジャーティー集団が各集落には必ず付属していて、農業カーストとのあいだに〈保護者＝被保護者〉の関係（"patron-client" arrangement）が成立していたわけである。その意味では集落はひとつの閉じた経済単位だと言うことができる。

中心的ゾーンとはこうした農業カーストのゾーンであり、他のいくつかのゾーンはそれぞれのジャーティー集団によって形成されているゾーンである。ジャーティー集団と農業カーストとは厳密に区別され、職業的にふれあう以外日常的な接触はまったくないと言っていいほどである。農業カーストが、国家の役人でありまた農業カーストの代表者でもあるパテル（村長）を通じて直接的に体制に組みこまれているのに対して、各ジャーティー集団は集落内においてだけ、それも農業カーストとの関連のなかでしかその職能を明らかにすることができない仕組みになっている。言ってみればジャーティーとは集落内における農業カーストとの関係のことである。

そしてパテルは「水利、耕作、徴税、差配等共同体運営の主要な権限を握っていた[10]」国家の末端に位置する役人であるがゆえに農業カーストの代表でありえ、それはそのまま集落全体の長であることを意味している。私たちが集落のなかでの中心的ゾーンと呼んだのはこうしたパテルのいる農業カーストによって構成されたゾーンのことであり、その他のいくつかのゾーンはそれぞれのジャーティー集団によるゾーンである。

7

ナスノダの隣りあった住居が兄弟の関係をこえてすでに社会化された関係としてとらえることができるという意味は、それが家父長制的家族共同体内部の関係としてではなく、パテルを頂点とする村落共同体内で、それぞれが正規のメンバーとしての位置づけをされているという意味である。彼らが小作なのか地主なのか、そしてこの村がどんな徴税システムをもっているのか、私たちは知らない。しかし住居の形式はそれが集落のなかで認定された個＝ルーフであることを物語っている。パテルが国家によって直接的に支配された役人であるがゆえに村落共同体の長、代表でありえたのと同じように、家族共同体の家父長はパテルに直接つながっているがゆえに家父長でありうるのである。そしてダルワザ＝闕はそうした家父長の位置、つまり家族共同体の長であり家族のなかでは唯一の村落共同体の正規のメンバーであることを体現する場所だと言うことができる。ダルワザ＝閾は住居の一部分としてありながら、本来家族の閉じた領域とは無縁な外側の社会に属する場所なのである。

一方、もし村落共同体がひとつのルーフであるとするなら、どこかにそのルーフに対応する閾がなくてはならないはずだ。私たちは見なかったが、gudi（village rest house）と呼ばれる公的な外来者のためのゲストハウスが集落内につくられる場合もあるらしい。しかし一般的には、パテルの家族のダルワザがそのまま集落全体の閾に相当するのではないだろうか。ヌマニア（イラク）のエクタエの閾がそうであったように、人々はときにはそこで集会を開き、そしてそこを訪れる人は誰でもつねに公的な集落全体の客である。図式的に述べれば、住居レベルでのダルワザ＝閾が住居全体をひとつの閉じたルーフとして顕在化させ、パテルのダルワザは集落全体のルーフを顕在化する（図10）。と同時に、ダルワザは家族と地域共同体というふたつの異なる支配秩序をもった集団の交差する場所に位置して、それぞれの集団がたがいに干渉し、また干渉しあわないための、言ってみれば相互交流の窓口にもなっているのである。

インドの集落構造は多様で複雑だと言われる。たしかに土地所有形態やあるいは血縁関係だとかカースト制度を軸にするかぎり、その多様さはとめどなく広がり、とてもではないが私たちには対象化することすらできそうにない。私たちの対象はあくまでも形である。形象化された形のもつ意味を明らかにしたいと私たちは思っている。そしてそうした視点を保つかぎり、集落や住居が現象的にはいくら多様で複雑であっても、その構成原理は普遍性をもっているはずだと私た

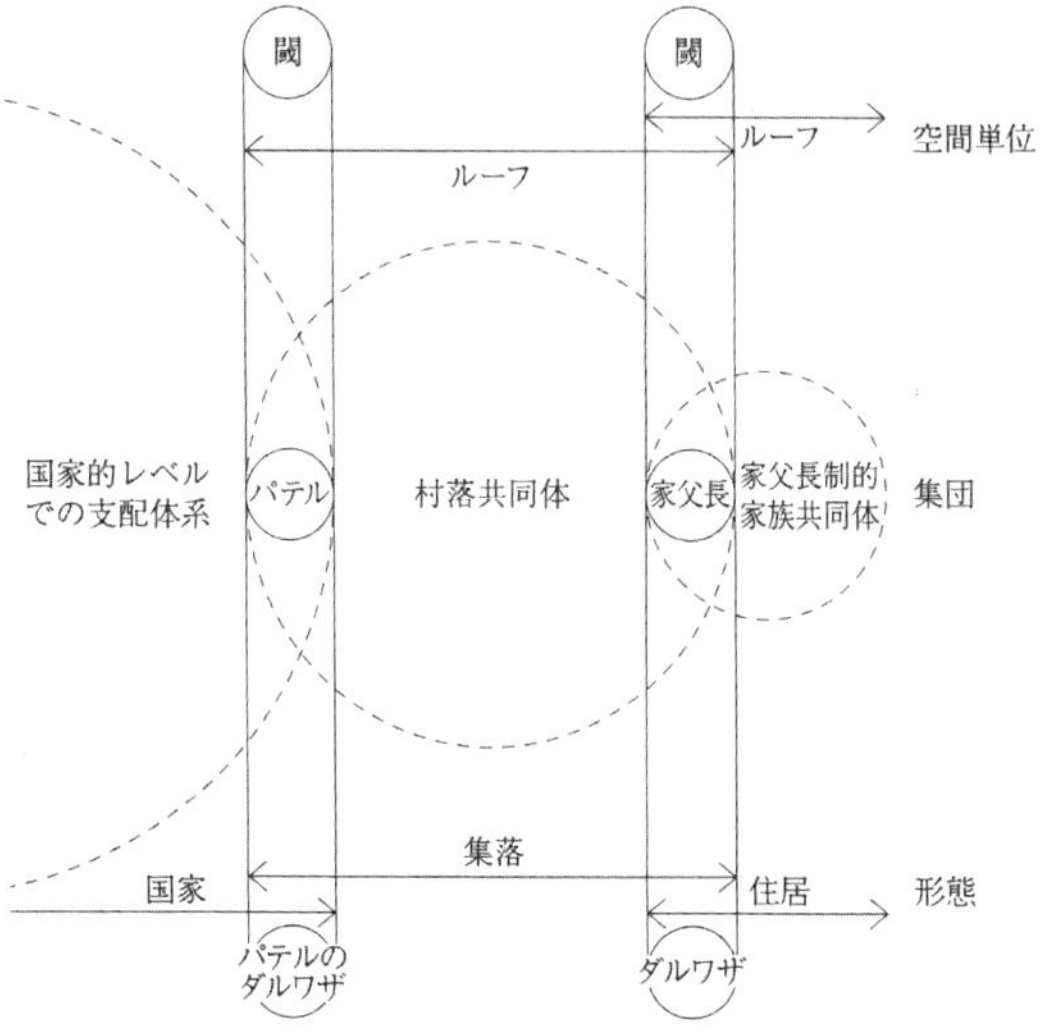

図10　ルーフによる単位

ちは考える。閾だとかルーフだとかの形態的仕掛けを武器にするかぎり、インドの集落もイラクや中南米あるいは地中海の集落と同一レベルで語ることができるはずであり、その可能性が武器の有効性を決定するはずだ。

いまのところ私たちは楽観している。集落の風景はそれを包みこむ自然をも含めて、つねにそこに住む人々の世界観の表出なのである。

(1978.6)

注

(1) 原広司「閉じた領域」、『住居集合論 その1』鹿島出版会、一九七三年。
(2) Jan Pieper, "Three Cities of Nepal," Paul Oliver, ed., *Shelter, Sign, and Symbol*, Barrie & Jenkins, 1975.
(3) めぼうきの木。薬効があり、ヴィシュヌ派の信者によって女神として神聖視されている。
(4) 『インド入門』辛島昇編、東京大学出版会、一九七七年。
(5) 福武直、大内力、中根千枝『インド村落の社会経済構造』アジア経済研究所、調査研究報告双書第51集、一九六四年。
(6) 中根千枝『家族の構造』東京大学出版会、一九七〇年。
(7) 『インド農村の社会構造』福武直編、アジア経済研究所、調査研究報告双書第50集、一九六四年。
(8) 『インド史における村落共同体の研究』辛島昇編、東京大学出版会、一九七六年。
(9) 前掲『インド農村の社会構造』。
(10) 前掲『インド史における村落共同体の研究』。

あとがき

修士論文のためにつくった住宅のモデルを当時植田実さんが編集長をしていた「都市住宅」誌に掲載してもらった。四三ページの「住居シミュレーション」がその住宅モデルである。一九七〇年の四月号だったから、一九九二年の「住宅擬態論」まで、本書は二十二年間の私の住居にかかわる論文やら雑文やらを収録したものである。

なぜ住居にこだわったのかはよくわからないけれども、発端は自分の家だったようにも思う。モダンリビングにはほど遠いでたらめな家に住んでいた。家族構成もユニークだった。父親がいない代わりに祖母と叔母が同居して、さらにその叔母に軽い障害があったりしたものだから、ふつうの家族の生活に比べればかなりユニークだったと言っていいと思う。実際、私は自分の家族は特異な家族だと長いあいだ思っていた。でも後になって気づいたことだけれども、家族という関係はそれぞれに特異なのである。そしてふつうだと誰もが思っている家族との差異で個々の家族の特異さが計測されているらしいのである。

その誰もがふつうだと思っている家族というものはいったいどういう家族なのかということが気になったんじゃないかと思う。誰もがふつうだと思っている、そのふつうさというのがどうも相当怪しいように思えたからである。そんなふつうの家族などという幻想を私たちが共有していることのほうがよほど奇妙なことのように思えたのである。だから、そのふつうの家族を空間の図式に置きかえたとたんに、わかったことがいろいろあった。ほとんど思いつきのような図式だったけど、その図式はいままでの住宅の図式とは逆転した図式になっていた。そして、その図式がさまざまな家族に対する幻想を剝ぎとった「家族の裸形」の図式になっているように思えたのである。つまり私にはこの逆転した図式が一種の普遍性を獲得しているように思えた。いや、私はもうすっかり確信したのである。この逆転した図式こそ家族という関係の本質である。

この逆転した図式をもって調査の旅に出た。逆転した図式をフィルターにして、そのフィルターをひとつひとつ調査する住居に重ねていったのである。

でも、この図式から「領域論」というような広がりのある理論が展開できるとは予想していなかった。きっかけは〈閾《しきい》〉という言葉だった。そして「閾という言葉は重要だよ」と言ったのは原広司である。

大学院を出た後、私は東京大学生産技術研究所の原研究室に研究生として所属した。そしてほとんど同時に世界各地の集落調査のフィールドワークが始まったのである。私は「地中海周辺」

「中南米地域」「インド・ネパール地域」の三度の調査旅行に参加して、そのつど調査のたびに書かせてもらった論文が「領域論試論」「鬩論I」「鬩論II」の三つの論文である。だから、この三つの論文は原さんとの討論の結果である。とくに最初の論文を書いたときは原さんとほんとうによく話をしたと思う。

だからほんとうを言えば、この三つの論文は原研究室に帰属する論文で、私個人の論文集に掲載すべき論文ではない。でもこれがないとたぶん私のいまの考え方はほとんど伝わらないと思ったから、原さんに無理なお願いをして掲載を許可してもらった。

こうしてむかしからの論文を再読してみると、私の基本的な考え方がほとんど変わっていないことにむしろ驚く。最初の「住居シミュレーション」を書いたのが二十四歳、「領域論試論」を書いたのが二十七歳のときだったから、もう二十年以上の歳月が経って、それでも変わっていないというのは、そのあいだただ私がまったく成長していないという話ではあるにしても、当時の体験がそれだけ鮮烈だったということでもあると思う。当時の体験というのは時代の体験であり、私の個人的な体験である。それはたとえば大学の紛争であったり、たとえば赤軍派の事件であったり、三島事件であったり、あるいは自分の家族であったり、集落調査のフィールドワークであったり、ありとあらゆる体験である。その体験のなかでたぶん、多くの人たちが共有したのは「空間は現実の反映である」という「期待」が壊滅的に打撃を受けたことを目撃したということじゃなかったかと思う。現実と規範とはつねに乖離している。そして空間は現実を担っているわけではなく規範そのものだということがすっかりばれてしまったのである。空間は私たちの現実を担ってはくれない。

それじゃあどうしたら私たちの現実を担うような空間が描けるのか、私はじつに単純にそう考えたのだと思う。思う、というのはいまから考えたらそうも言えるということで、当時はそれほど自覚的ではなかったからである。自覚はなかったけれども、それでもここに集められた文章を読むと、たしかに当時の思想的なパラダイムのなかにすっぽりと収まっていることがよくわかる。そのパラダイムの末端を直感的につかまえているようにもみえる。図々しい言い方をすれば、だから、これは私の時代の記録である。

文章はさすがに読むに耐えないところは多少手を入れた。なにしろむかし書いた文章だから、各々の文章相互の整合性を保つために書き改めたところもある。けれども、基本的には当時の文章をそのまま掲載するように努めた。つたなさを晒すのは恥ずかしいけれど、それでも記録は記録として残しておきたいと思ったからである。そういうわけで読み苦しいところがたくさんある。お許しください。

植田さんにいままで書いた文章をまとめるように言われたのは、もう六年近くも前だったと思う。もともと怠惰な性格で、こんなに時間が経ってしまった。それでもなんとかまとめることができたのはひとえに編集作業をしてくださった江田修司さんの熱意のおかげである。どうもありがとうございました。
小さな建築をつくりはじめたときから、つねに好意的な、的確な批評で勇気づけてくれた植田実さん、アンデス山脈の四〇〇〇メートルの台地からアフリカの砂漠まで三万キロをこえる旅をともにした東京大学生産技術研究所のフィールドワークの仲間たち、そして原広司先生にあらためて感謝したいと思います。

一九九三年七月十四日

著者

平凡社ライブラリー版あとがき

『住居論』を「住まいの図書館出版局」から出版したのが、いまからもう十一年前、それをもう一度編集しなおして刊行することになった。『住居論』以降書いたもののうち、住居がテーマになった文章も追加掲載した。だから、最初に書いた文章と追加掲載した文章との時間的な差は三十年以上にもなる。三十年も経ったらこっちも変わる。でも、その時間の経過をこえて、もし一貫しているところがあるとしたら、たぶんそれは現場主義のようなものじゃないかと思う。

文章の多くは、実際に建築をつくってその建築を建築専門誌に発表したときにその解説として書いた文章である。私たち建築の設計業界では、新たに建築ができるとそれを建築専門誌に掲載する。設計した建築家はそれを「発表する」という。つまり「建築家の作品」として世に問うわけである。そのときに一緒にその建築についての解説文を書く。世に問うといったって、建築の設計業界のなかの話である。そこに一方的に、その建築に対する思い入れを解説として書くわけである。それがどうも変だなあ、独禁法違反みたいだなあ、と思っていた。だからできるだけその解説文を、その建築のたんなる解説ではなくて、つまり一方的にならないようにその文章だけで自立しているような書き方を心がけてきた。そうはいっても、ここに掲載された文章の多くは私の設計した建築とともにある。そういう文章である。実際にできあがってしまった建築のプロセスやその結果を実感することによってできあがっているような文章である。建築はできあがってしまう。圧倒的な建築としてできあがってしまう。どんなに小さな建築でも、その建築の環境に対する影響は圧倒的である。つまり、つくってしまう側はその環境に対して責任があると思う。だから私もその環境や社会状況について少しは考える。そういう意味での現場主義である。つくってしまった建築の現場からの実感である。もっと正直にいうと、つくってしまったという有無をいわせない存在に対する後ろめたさと、その建築を使う人たちから共感されるのだろうかという不安と、それでも、いままでとは違う生活の仕方に対する多少の思い入れと、自負と、いろいろ入り乱れているという、そういうつくってしまう側からの実感である。

「領域論」は集落調査の研究論文である。全体のなかでは資料編のような役割を果たしていると思ったので最終章にした。「住宅擬態論」を巻頭にした以外は、基本的には古く書かれた文章から順番に並んでいる。

全部ではないけれども、多くの文章は建築の専門家を念頭において書かれている。この本が一般の読者からどう受けとめられるのだろう。たんなる珍本かもしれないなあと思いつつ、このような機会をつくってくれた二宮善宏さん、そして、実際の編集作業をしてくれた増田政巳さん、改めてありがとうございました。

二〇〇四年二月

山本理顕

新版あとがき

「住居シミュレーション」というこの奇妙な図は東京芸術大学大学院のときの修士論文である。一九七〇年、二十五歳だった。当時この大学でもこぢんまりとした学園紛争があって、それで論文提出が一年延びてしまった。

いまの住宅ではどのような生活がおこなわれているか、いまの住宅のプランとその生活の仕方とは整合しているのか。整合していないと思った。それでは整合させるにはどうしたらいいか。住宅のプランを変えればいい。そう考えたのである。

四人家族の住宅を想定する。お父さん、お母さん、子供ふたり。いわゆる標準家族である。お父さんは会社勤め、お母さんは専業主婦である。お父さんは会社から帰ってくるとまず自分専用の玄関（書斎）に入る。そこで会社からもってきた書類に目を通して、明日の準備をしてコートをしまって、スーツを室内着に着替える。それをお母さんが手伝ってくれるかもしれない。そして家族室に入る。子供1は中学生の男の子、学校から帰ってやはり子供専用の玄関（子供室）に入る。靴を脱いでコートをハンガーにかけて勉強机に向かって明日の宿題のチェック。それをすばやく済ませてしまう子供もいるかもしれない。それをお母さんが手伝ってくれるかもしれない。そして家族室に行く。子供2は最近、高校を卒業して就職先が決まった女の子。彼女専用の玄関ホール（個室）に入って、すぐに室内着に着替えるかもしれない。今日の出来事をまとめて友達と連絡をとりあうかもしれない。家族室に行ってソファで横になるかもしれない。

この玄関ホールは外に直接つながる部屋である。この玄関ホールのような場所を私はずっと後になって「閾《しきい》」と呼ぶようになった。「閾」とは家族のための空間と、その外側の空間とを結びつけるための中間的な空間である。空間的な広がりをもった敷居である。ところがお母さんは専業主婦なのだから、「閾」をもっていない。家族室の内側にいて、家族のサービスに務める。ご飯をつくって掃除洗濯をして、子育てをしてお父さんの帰りを待つ。それが専業主婦の役割である。専業主婦には閾がない。それがこの図式である。ところがもし主婦にも「閾」を与えるとしたら、それはつまりお母さんが外側の何らかの社会的組織と関係するということである。家族室で家族のサービスをする人がいなくなってしまう。

だから将来的には家族は解体される方向にある。この単純な考え方がこの住居シミュレーションである。

この図式を描いてみたら主婦という存在はひとつの装置のような存在である。それがいかに社会から切り離されているのか、などということに気がついた。それだけではない、個人という存在が社会と家族の中間に位置するような存在なのだということにも気がついた。「社会－家族－個人」ではなく「社会－個人－家族」という関係なのだということにも気がついてしまった。

私はその後、実際の設計をするようになって、こうした「閾」のある住宅を設計しようとした。ところが実際の設計ではこのとおりにはいかない。すべての家族のメンバーが閾をもったとしても現実に家族は解体しない。家族の人々はそれぞれに社会の一員である。社会の一員として存在する。同時に家族の一員として存在する。その二重の存在は相互に矛盾しないか。住宅を設計しはじめた私は家族のその存在の矛盾に悩んだ。けれども実際の住宅の設計では、その矛盾はつねに簡単に解消される。私の出会った多くの家族は、みんなで一緒に同じ場所に住みたいと強く望んでいる家族だったからである。

家族は社会に対し閉じている存在なのか。私は、どうしたら家族がその内側の共同体的性格を保ちながら、外に対して開くことができるか、閾のある住宅は可能かそのつど考えるようになった。それはそのつど修正された。その「住居シミュレーション」はいまもなお修正中である。

二〇二四年十一月十二日

山本理顕

解説

原　武史

プリツカー賞を受賞された世界的な建築家、山本理顕さんの代表作の一つである本書の解説を、なぜ私のような政治学者、より正確に言えば日本政治思想史の研究者が書いているのかに関して、あるいは不審に思われる読者がおられるかもしれない。

この点につき、まず弁明しておきたい。

何を隠そう、私自身が政治家や政治学者よりも建築家や建築史家との付き合いのほうが多いという、変わった経歴の持ち主である。山本理顕さんは、そのなかでも長年にわたって最も親しくお付き合いをさせていただいてきた建築家の一人だと思っている。

それはなぜか。私が「空間政治学」と称して、従来の政治思想史では研究対象にならない鉄道や街道、広場、団地、温泉などを研究してきたからだ。これら一連の研究に対して高い評価を与えてくださったのが、山本さんにほかならない。

思想史学の主流は、依然としてテキスト解釈にある。外国語や古文漢文をきちんとマスターしたうえで、古代から近現代まで、西洋や中国、日本などの有名思想家のテキストを精読してゆく。つまり思想家の全集さえあれば、学問として成立してしまうのだ。時にはまるで私が苦手だった大学入試の国語のように、「この言葉は何を意味しているか」「この文章で著者が言いたいことは何か」といった問題をめぐって、ああでもないこうでもないと論争が続くこともある。そんな知的雰囲気になじめないものをずっと感じてきた。

そもそも政治とは、複数の人間を主体とし、特定の空間で繰り広げられる実践的な行為である。高校時代に理系に属し、国語よりも数学の方を得意とした私にとって、政治をテキストに還元させてしまう思想史学の方法は、納得できるものではなかった。とりわけ日本の場合、空間にこそ政治があり、言説化されていない政治思想がある。それこそを解明しなければならないはずだ――。こうした確信は、拙著『滝山コミューン一九七四』(講談社文庫、二〇一〇年)に記したように、私自身が一九六九年から七五年までの小学生時代を東京都東久留米市の滝山団地で過ごし、同市立第七小学校に通ったときの体験に根差している。

滝山団地は一九六八年から七〇年にかけて日本住宅公団(現・UR都市機構)が建設した団地で、総戸数は三一八〇戸。団地としては珍しく、分譲の戸数が賃貸の約二倍あるが、すべての棟が五階建ての中層フラット棟で統一されているため、ちょっと見ただけでは賃貸と分譲の見分けがつかない。正確に言えば分譲も「普通分譲」と「特別分譲」に分かれるが、これもまた見分けがつかない。つまりすべてが同じ棟に見える。西武新宿線の花小金井駅からバスで十分あまりの、もともと武蔵野の雑木林しかなかったところに、停留所にして四つ分の規模をもつきわめて同質的な団地の棟が整然と並んでいるのである。

この団地で育ったことが、住宅と政治の関係を考える原点となった。たとえいかなるテキストに記されていなくても、住居という空間が政治と密接に関係していることは、私にとっては自明だった。一九六〇年代から七〇年代にかけて、首都圏や大阪圏に大規模団地が建設されていったことと、首都圏や大阪圏で革新自治体が相次いで誕生したり、国政選挙で日本共産党が大幅に議席を増やしていったりしたこととの間には、重大な関連があったのである。

本書はもともと一九九三年に『住居論』として住まいの図書館出版局から刊行され、二〇〇四年にその新編が平凡社ライブラリーから刊行された。初出を見ると、いちばん早いのは「都市住宅」一九七〇年四月号に掲載された「住居シミュレーション」だ。つまり山本さんは、もう半世紀以上にわたって「住居とは何か」という問題について、建築家の立場からずっと考えてこられたことになる。一貫して表明されてきたのは、一つの住宅に夫婦と子どもを単位とする一つの家族が住み、家族どうしは壁によって隔てられ、相互に干渉し合わないという戦後の住居のモデルに対する異議申し立てだと言ってよいだろう。

集合住宅といっても、いま私たちがもっている集合住宅はたんに閉塞的な住戸が縦に積まれ、横に並んでいるだけである。住戸相互の関係はまったく考えられていない。というよりも、相互に干渉し合わないですむほうがより上等な集合住宅だと考えられているように思う。隣に住んでいる人の気配がわかるなどというのは安普請の集合住宅である。ピアノを弾いても、洗濯機をまわしても、子供がどたばたと走りまわっても、隣や上下に住んでいる人たちに気を遣わないですむ、その程度には個々の住戸が孤立的じゃないと集合住宅に住めない。多くの人たちはたぶん、そう考えていると思う。家族という単位が十分に自己充足的な単位であるということを信じて疑っていないからである。だから逆に、その自己充足している住戸が集合する契機を説明することができないわけである。

（「建築は仮説にもとづいてできている」）

日本住宅公団が東京や大阪の郊外に建設してきた団地は、私が住んでいた滝山団地を含めて、まさにこのような意味での集合住宅にほかならなかった。これに対して山本さんは、みずから設計した熊本県営保田窪第一団地によって、まったく違う集合住宅のモデルを提示された。

個々の住戸の自己充足性を保ちながら、それでも必要に応じて集合の可能性を選択できるようなシステムである。具体的に言うと、個々の住戸が中庭を囲むようにできている。そしてその中庭がこの団地の住民たちの専用になるような配置計画なのである。その専用になるような配

置計画の仕掛けが、この百十世帯の各住戸の中庭に面する出入口と外側の道路に面する出入口とのふたつの出入口である。（同）

熊本県営保田窪第一団地の各住戸は、外部＝パブリックと中庭＝コミュニティをつなぐ〈閾〉としての役割をもつ。〈閾〉は山本建築学における重要な概念で、「ふたつの相互に性格の異なる空間のあいだにあって、そのふたつの空間をたがいに切断し、あるいは接続するための空間的な装置」（「「パブリック／プライベート」は空間概念である」）を意味する。

戦後の住宅は、この〈閾〉をなくし、パブリック（外）とプライベート（内）に完全に分けたことで、住宅の構成員である家族がひたすら「内」にこもり、コミュニティがなくなってしまったというのが山本さんの見立てである。熊本県営保田窪第一団地は、かつて日本の住居にもあった〈閾〉を復活させ、「必要に応じて集合の可能性を選択できる」ようにした点で、日本住宅公団の団地とはまったく違っているのだ。

確かに滝山団地は、シリンダー錠によって「外」と「内」が隔てられ、私的空間が独立していた。ではコミュニティに相当するものがまったくなかったのかと言えば、そうではなかった。夫が勤めに出て行った昼間に自治会の役員になっている妻たちが集まり、団地で起こっている問題について話し合う集会所があり、妻たちがＰＴＡの役員として教員たちと話し合う小学校があった。子ども二人が小学生という世帯が圧倒的に多かった滝山団地では、小学校こそが最大のコミュニティとしての役割を果たしたと言っても過言ではない。児童数が千三百人を超え、ピークに達したときに現れたのが、ソ連の教育学者、マカレンコの思想を下敷きにした疑似社会主義的な共同体、「滝山コミューン」だったのだ。

もし建築家の役割が「制度から空間へ、自動的に翻訳する自動翻訳機械」(「建築は隔離施設か」)のようだとするならば、公団の団地に社会主義的な思想が根付くはずがなかった。だが実際に住み始めることで、建築家自身が意図していなかった思想が生じ得る。東京都西東京市にあった公団ひばりが丘団地に住んでいた文芸評論家の秋山駿は、こう述べている。

人間の生活がかくも千篇一律の光景を呈するとは、私は思っても見なかった。窓から透かし見られる一つの生活のパターンは、まったくそのままの形で他の二十三の部屋にも適合するものであろう。まず水の音がして、人の影が動き、窓を開け、子供達の声が騒いで、食事が始まる、といったふうな日常の儀式から、その後、掃除、洗濯、買い物、夕べの団欒と続いていくのだが、その食卓の位置、洗濯機の置き場所にしても、ほとんど寸分の相違もないのである、すべてよく似ている二十四の同じような人間が、すべてよく似ている同じような生活の光景を展開している、というのでは、これほど飽き飽きする見物はあるまい。

(『舗石の思想』)

この感覚は、滝山団地に住んでいた私にもよくわかる。「内」と「外」は、完全に隔てられているどころか、全世帯が同様の生活のサイクルを繰り返しているというのが、いやがうえにもわかってしまうのだ。社会主義の根底にある平等という思想は、滝山団地のような同質的な団地に住んでいると、きわめて当たり前のように見えたものだった。

二〇二四年秋にNHK－BSで放映していた連続ドラマ「団地のふたり」の収録が行われたのは滝山団地だったが、このような「隔てられているようで実は隔てられていない」環境に愛着をもつ住民たちの生活が見事に描かれていた。それが完全になくなるのは、団地の高層化が始まる一九七一年の高島平団地（東京都板橋区）以降ではないか。つまり山本さんの指摘は、高層化が進むとともに気密性が高まり、すぐ上や下の階に誰が住んでいるのかもわからなくなった七〇年代以降の団地にいっそうよく当てはまるとは言えないだろうか。

このことは、本書の価値が損なわれることを少しも意味しない。本書で示された住居のあり方は、古くなった団地の建て替えにも影響を及ぼしているからだ。いったん解体し、エレベーターを付けて高層化するのではなく、従来の中層フラット型を変えないまま、壁を取り払って共用スペースをつくる試みは、もう十年以上も前から始まっている。二〇一一年に東京都日野市の多摩平団地に残っていた四階建ての二棟をシェアハウスにした「りえんと多摩平」のように、実際に新たな生活が営まれている団地もある。時代がようやく山本さんに追いついてきたことのあらわれと言えるだろう。

（政治学者、日本政治思想史）

初出一覧

住宅擬態論　「室内」一九九二年三月号「家族は変われど家は変わらず」、五月号「住宅は世間体でできている」、七月号「愛人が同居する家を設計せよ」、九月号「全くドライな家族関係」に初出、「建築思潮」1号、一九九三年に再録、改題「住宅について普段ぼんやりと考えていること」。

住居シミュレーション　「都市住宅」一九七〇年四月号、特集「コミュニティ研究4」内「シンポジウム・住宅はコミュニティの場か」所収。

形式としての住居　「新建築」一九七八年八月号。

「パブリック／プライベート」は空間概念である　「新建築」一九九二年六月号、原題「空間配列論——〈閾〉という概念について」。

私的建築計画学　「建築文化」一九八八年八月号、特集「山本理顕的建築計画学77／88」、原題「設計作業日誌77／88——私的建築計画学として」。

破産都市　「建築雑誌」一九八八年三月号、原題「破産都市—東京」。

建築は仮説にもとづいてできている　上野千鶴子編『現代の世相1 色と欲』小学館、一九九六年。

痴呆性老人のための施設　「新建築」一九九六年三月号、原題「もうひとつの居住単位に向けて」。

看護・福祉は社会システムである　「GA JAPAN」17号、一九九六年十月。

ネットワークの建築　「建築文化」一九九九年七月号。

建築は隔離施設か　「新建築」一九九七年十二月号

建築の社会性　「JA」51号、「riken yamamoto 2003」二〇〇三年九月。

領域論試論　SD別冊4「住居集合論1」一九七三年三月。

閾論Ⅰ　SD別冊6「住居集合論2」一九七四年十二月、原題「閾論——領域論のための予備的考察」。

閾論Ⅱ　SD別冊10「住居集合論4」一九七八年六月、原題「閾論——②〈ループ〉に関する考察」。

写真・図版提供
新建築写真部　p.40-41, p.72-73, p.85上, p.87, p.92上, p.147, p.191
大橋富夫　p.101, p.106-107, p.155, p.156-157, p.162下, p.164-165
宮本隆司　p.102上, p.121
大野繁　p.137, p.162上
東京大学生産技術研究所原研究室（協力・今井研究室）　p.201, p.209, p.241, p.261, p.263, p268-269
上記以外は山本理顕設計工場による

著者略歴

山本理顕（やまもと・りけん）　1945年中国北京生まれ。建築家。1971年、東京藝術大学大学院美術研究科建築専攻修了。東京大学生産技術研究所原広司研究室研究生を経て1973年、山本理顕設計工場設立。2002-07年、工学院大学教授、2007-11年、横浜国立大学大学院教授、2018-22年、名古屋造形大学学長、2022-24年、東京藝術大学客員教授。2024年より神奈川大学客員教授。横浜国立大学名誉教授・名誉博士、日本大学名誉教授・名誉博士（工学）。おもな作品に山川山荘（1977）、GAZEBO（1986）、ROTUNDA（1987 /GAZEBOとともに「雑居ビルの上の住居」として日本建築学会賞作品賞）、熊本県営保田窪第一団地（1991）、岡山の住宅（1992）、岩出山中学校（1996/ 毎日芸術賞）、埼玉県立大学（1999/ 日本芸術院賞）、公立はこだて未来大学（2000/ 日本建築学会賞作品賞）、東雲キャナルコートCODAN1街区（2003）、横須賀美術館（2006）、横浜市立子安小学校（2018）、名古屋造形大学（2022）ほか。著書『細胞都市』（INAX出版1993）『住居論』（住まいの図書館出版局/ 増補改題『新編住居論』平凡社ライブラリー 2004/本書）『建築の可能性、山本理顕的想像力』（王国社2006）『権力の空間/空間の権力』（講談社選書メチエ2015）、編著『徹底討論 私たちが住みたい都市』（平凡社2006）、共著『地域社会圏主義』（INAX出版2012/ 増補改訂版、LIXIL出版2013/TWO VIRGINS 2023）ほか。2024年、プリツカー賞、文化庁長官表彰（国際芸術部門）、神奈川文化賞受賞。

住まい学エッセンス

新編 住居論

2024年12月18日 初版第1刷発行

著者 山本理顕
発行者 下中順平
発行所 株式会社平凡社
〒101-0051
東京都千代田区神田神保町3-29
電話 03-3230-6573（営業）

協力 植田実
編集 遠藤敏之
装幀 山口信博
DTP 有限会社ダイワコムズ
印刷 株式会社東京印書館
製本 大口製本印刷株式会社

ISBN978-4-582-54366-7

落丁・乱丁本のお取り替えは
小社読者サービス係までお送りください（送料小社負担）。
平凡社ホームページ https://www.heibonsha.co.jp/

【お問い合わせ】本書の内容に関するお問い合わせは
弊社お問い合わせフォームをご利用ください。
https://www.heibonsha.co.jp/contact/